L'ÉQUILIBRE DANS L'ASSIETTE

Département Art de vivre
Direction éditoriale : Ronite Tubiana
Éditrice : Élise Bigot
Préparation de copie : Sabine Kuentz
Relecture : Sandrine Decroix
Création et réalisation graphiques : Maud Warg
Illustrations : ©Flaticon
Fabrication : Louisa Hanifi-Morard, Marylou Deserson, Julie Hautecourt

82, rue Saint-Lazare CS 10124 75009 Paris
https://editions.flammarion.com/

ISBN : 978-2-0802-7598-1
OTP : 432160

Myriam Moussier

L'ÉQUILIBRE DANS L'ASSIETTE

Une méthode simple et ludique pour retrouver du plaisir à manger

Flammarion

Sommaire

Introduction

C'est ma passion pour la cuisine et l'intérêt que je porte au domaine de la santé qui m'ont conduite à choisir les études de diététique. Très indépendante par nature, c'est vers le libéral que je me suis dirigée dès l'obtention de mon diplôme, cela fait plus de 30 ans maintenant.

Au fil des années, j'ai conçu et développé une méthode ludique : mon code couleur, pour que l'équilibre alimentaire soit le plus accessible possible, simple à expliquer et très facile à mettre en pratique.

Ces dernières années, je me suis rendu compte, en échangeant avec mes patients, que le plus gros frein qu'ils rencontraient pour mettre en place leur équilibre alimentaire, c'était la cuisine. Le manque d'anticipation des menus et l'organisation des courses, ainsi que le manque d'idées pour cuisiner et la peur de préparer de nouvelles recettes, les bloquaient, créant du stress, face à leur frigo, avec la sempiternelle question : « Qu'est qu'on va bien pouvoir manger aujourd'hui ? »

Au regard de ce constat, j'ai créé il y a quelques années mon compte Instagram et ma page Facebook pour partager avec mes patients mes recettes simples et savoureuses. Je ne m'attendais pas à un tel succès ; au moment où j'écris ces quelques lignes, plus de 220 000 personnes sont abonnées à mes comptes. Ce riche parcours a pu se concrétiser par le livre que vous tenez dans vos mains.

Ce livre est construit en 2 parties. Dans la première, j'aborde le sujet des différents nutriments nécessaires à l'organisme pour être en bonne santé. Vous trouverez également ma méthode du code couleur qui vous permettra d'équilibrer vos journées, avec des modèles de petits déjeuners et d'assiettes équilibrées, de façon ludique. Vous y découvrirez aussi plus de 50 recettes basiques pour vous aider dans votre quotidien.

La deuxième partie est plus pratique avec des menus pour vos repas du midi et du soir sur 8 semaines. Ceux-ci sont élaborés selon les différentes saisons et feront de chaque repas un repas unique pour un maximum de diversité. Plus de 100 recettes vous sont présentées. Je vous offre un accompagnement tout au long de la semaine, en commençant par la liste de courses, puis à l'élaboration de vos repas au quotidien.

Voilà tous les outils que je vous propose pour vous aider à manger équilibré et être en bonne santé !

Je suis reconnaissante et fière du chemin que j'ai parcouru toutes ces années, mais cela n'aurait jamais pu voir le jour sans le soutien de ma famille ; merci à mon mari Fabrice et mes 2 garçons, Damien et Mathis, qui ont toujours su m'entourer et me donner l'énergie d'accomplir tous ces projets. Je vous aime.

Je tiens à remercier ma communauté d'être toujours présente à chacune de mes publications, et qui, avec beaucoup de bienveillance, m'encourage à poursuivre cette aventure. Merci aux éditions Flammarion et à leurs éditrices Ronite et Élise qui m'ont donné toute leur confiance et qui m'ont apporté toute l'aide nécessaire à son élaboration.

Retrouvez-moi sur :
Mon compte Instagram : @mydiet_moussier
Ma page Facebook : Myriam Moussier Diététicienne Nutritionniste

Les nutriments indispensables à l'organisme

Comparons le corps à une super-usine qui, pour tourner à plein régime, doit être alimentée suffisamment et correctement en matières premières. Celles-ci lui procurent le carburant nécessaire à son fonctionnement, ainsi que les matériaux bruts indispensables à la création de produits plus élaborés.

Si elle venait à manquer de matières premières ou que certaines n'étaient pas fournies en quantités suffisantes, l'usine se mettrait à tourner au ralenti, et sa production diminuerait. À l'inverse, un apport trop important engorgerait ses chaînes de production et générerait des stocks.

Pour le corps, c'est exactement la même chose : il a besoin de matières premières – les aliments – en quantités bien précises pour fonctionner à plein régime. Les aliments contiennent des nutriments, ceux-ci sont composés majoritairement par les macronutriments (les protéines, les glucides et les lipides), ils vont permettre à l'organisme de produire l'énergie nécessaire à son fonctionnement, ainsi que de jouer des rôles indispensables qui lui permettront de continuer à se « fabriquer », se réparer et se défendre. Il faudra également compter sur les micronutriments (les vitamines, les minéraux et les oligoéléments), ces éléments sont minoritaires dans les aliments, ils ne fournissent pas d'énergie, mais leurs rôles sont tout aussi indispensables à l'organisme pour être en bonne santé.

Ainsi, lorsque l'alimentation ne fournit pas à l'organisme tout ce dont il a besoin, celui-ci se met au ralenti et réduit ses dépenses. Cela limite toutes ses fonctions, et une fatigue générale autant physique que psychologique se fait sentir. À l'inverse, en cas de surconsommation, les excédents sont stockés pour des utilisations ultérieures.

Alors quels sont les nutriments indispensables à l'organisme ? D'où proviennent-ils et quels sont leurs rôles ?

Les protéines

Les protéines font partie des macronutriments. Elles sont constituées de molécules appelées acides aminés, qui sont liées entre elles. C'est lors de la digestion des protéines que les acides aminés sont séparés les uns des autres. L'organisme peut alors les transformer pour créer ses propres protéines. Il existe 20 acides aminés importants. Si certains d'entre eux peuvent être transformés pour en former d'autres, 9 d'entre eux sont indispensables, car l'organisme est incapable de les synthétiser. Ils doivent donc impérativement être apportés par l'alimentation. On les appelle acides aminés essentiels.

L'organisme n'a pas à proprement parler de réserve en protéines. Mais s'il vient à en manquer, il puise dans sa masse musculaire.

Le rôle des protéines

Le rôle des protéines est en grande partie structural. Elles servent à la fabrication de tous les tissus : membranes cellulaires, tissus osseux, tissus musculaires, peau... Mais aussi à la régénération des phanères : ongles, cheveux, poils.

Elles ont aussi une fonction physiologique : elles entrent dans la composition des enzymes digestives, des hormones, des anticorps, des globules, des récepteurs...

Les sources de protéines

Les protéines animales sont apportées par les viandes, les poissons, les crustacés, les mollusques, les œufs et les produits laitiers, tandis que les protéines végétales sont apportées par les céréales, les légumineuses, les tubercules et les graines oléagineuses.

Les protéines animales sont particulièrement de bonne qualité : elles renferment tous les acides aminés essentiels. L'œuf est particulièrement intéressant pour le corps humain. Il est utilisé comme protéine de référence, sa composition en protéines est riche en acides aminés essentiels et dans de très bonnes proportions. Il sert ainsi de référence pour évaluer la qualité protéique des autres nutriments.

Dans le règne végétal, seules les protéines de soja contiennent tous les acides aminés essentiels dans de bonnes proportions. Les céréales doivent être associées à des légumineuses (sur un même repas ou dans la journée) pour un bon équilibre en acides aminés essentiels.

Les besoins en protéines

L'apport journalier en protéines doit permettre de couvrir tous les besoins en acides aminés nécessaires à l'entretien de l'organisme.

En tenant compte des connaissances actuelles, l'Agence nationale de sécurité sanitaire de l'alimentation, de l'environnement et du travail (ANSES) a établi que l'apport nutritionnel journalier en protéines doit être :

- De 0,83 à 2,2 g/kg de poids corporel idéal (soit entre 10 et 27 % de l'apport énergétique) chez l'adulte de moins de 60 ans.
- De 1 g/kg de poids corporel idéal chez les personnes de plus de 60 ans.
- De 1,2 g/kg de poids corporel idéal chez la femme enceinte ou allaitante.

Conseil

En plus de suivre ces recommandations, il est important d'apporter à l'organisme des protéines de bonne qualité, afin de combler ses besoins en acides animés essentiels.

Les glucides

Les glucides sont eux aussi des macronutriments. Il existe plusieurs sortes de glucides apportés par l'alimentation. On les classe en fonction de leur structure : les glucides dits simples sont constitués de monosaccharides (glucose, fructose, galactose), tandis que les glucides dits complexes sont représentés par l'amidon et les fibres.

Les amidons sont constitués de l'enchaînement d'une dizaine de monosaccharides (on les nomme les polysaccharides amylacés). Les fibres sont, quant à elles, des polysaccharides non amylacés : elles ne sont pas digérées ni assimilées par l'organisme.

Le rôle des glucides

Les glucides sont la principale source d'énergie de l'organisme. Ils sont nécessaires au bon fonctionnement du cerveau, des organes et des muscles. Ils entrent également dans la composition de toutes les cellules de l'organisme, ainsi que dans celle de nombreuses molécules indispensables à son fonctionnement, telles que l'ADN et l'ARN.

Les fibres vont jouer plusieurs rôles au niveau des intestins, notamment en facilitant le transit et en entretenant le microbiote. Elles sont indispensables à la santé du tube digestif.

Les sources de glucides

L'apport en glucides complexes est principalement assuré par les céréales (blé, riz, maïs, quinoa...) ou leurs dérivés (pain, flocons...), les légumineuses, les tubercules et autres assimilés.

Les fibres sont apportées par les légumes et les fruits, les produits céréaliers et dérivés, les légumineuses. Plus un aliment sera complet, plus il sera riche en fibres. Les aliments raffinés perdent en grande partie leurs fibres.

Les glucides simples sont apportés par les légumes et les fruits, mais également par les sucres et les sucreries.

Les besoins en glucides

Lors de la digestion, les glucides complexes se décomposent et libèrent les monosaccharides. Ces derniers sont absorbés par la muqueuse de l'intestin grêle, pour être ensuite véhiculés par la circulation sanguine jusqu'au foie. Une partie servira directement d'énergie à l'organisme, une autre sera stockée dans le foie et les muscles sous forme de glycogène – ce stock pourra être mobilisé rapidement entre deux prises alimentaires. Le reste sera transformé en lipides qui seront stockés dans les cellules adipeuses, afin d'être consommés ultérieurement.

Pour subvenir aux besoins de l'organisme, l'ANSES recommande que les apports en glucides représentent 45 à 54 % de l'apport énergétique total quotidien ; les 2/3 devant être apportés par les glucides complexes, et le 1/3 restant par les glucides simples contenus dans les légumes et les fruits.

Conseil

Les glucides simples, qui peuvent être apportés par les sucres et sucreries, ne doivent pas dépasser 10 % de l'apport énergétique total quotidien. Il est en revanche important de veiller à maintenir un apport quotidien en glucides complexes élevé, afin que l'organisme puisse produire l'énergie nécessaire à son fonctionnement.

Les lipides

Les lipides font eux aussi partie des macronutriments. Ils sont constitués d'acides gras reliés entre eux. C'est lors de la digestion que ces acides sont séparés puis absorbés. On les classe en plusieurs catégories : les acides gras saturés, les mono-insaturés et les polyinsaturés.

Certains acides gras sont dits essentiels car l'organisme ne sait pas les fabriquer, ils doivent impérativement être apportés par l'alimentation. À partir de ces acides gras l'organisme fabrique d'autres acides gras, ceux-ci seront également dits essentiels. Ce sont les oméga 3 et 6.

Le rôle des lipides

Après les glucides, les lipides sont la deuxième source en énergie de l'organisme. Ils ont un rôle structural important puisqu'ils entrent dans la composition de toutes les membranes cellulaires. Ils permettent la fabrication de certaines hormones, notamment les hormones sexuelles, et sont à l'origine de la fabrication de nombreuses molécules nécessaires aux fonctions physiologiques de l'organisme. Ils servent de transporteurs aux vitamines liposolubles (A, D, E, K). Quand ils sont stockés, ils servent de réserve énergétique et d'isolant thermique à l'organisme.

Les sources de lipides

Les lipides animaux sont apportés par la viande, les poissons, les œufs, les produits laitiers (beurre, crème, fromage), les charcuteries ; et les lipides végétaux sont apportés par les graines et les fruits oléagineux (amandes, noix, olives, avocat, graines de courge, de tournesol...), ainsi que par leurs dérivés (huiles, margarine).

Les oméga 3 sont principalement apportés par les noix, l'huile de colza, de lin, de noix, les poissons gras (maquereau, hareng, sardine, saumon...). Les oméga 6 sont très présents dans l'huile de tournesol, de soja, de pépins de raisin.

On trouve également de nombreux lipides cachés dans les produits transformés (viennoiseries, biscuits, plats industriels préparés...) : il s'agit majoritairement d'acides gras hydrogénés, dits « trans » (ils sont obtenus *via* un processus industriel qui les rend solides et les empêche de rancir).

En ce qui concerne le cholestérol, ce lipide présent dans l'organisme y est fabriqué à 80 %, seulement 20 % y sera apporté par l'alimentation.

Les besoins en lipides

Ces dernières années, l'ANSES a réévalué les besoins en lipides de l'organisme, en tenant compte non seulement de ses besoins pour fonctionner, mais aussi pour prévenir certaines pathologies (diabète, obésité, syndrome métabolique...). Ainsi, les recommandations, qui étaient de 30 à 35 % de l'apport énergétique total quotidien jusqu'en 2010, sont passées à 35-40 %.

Il faudra donc être attentif aux différentes sources de lipides : limiter les acides trans industriels à moins de 2 %, et réduire les apports en acides gras saturés (de nombreuses études montrent qu'ils augmentent les risques cardio-vasculaires).

Attention aussi : l'alimentation actuelle favorise la consommation d'oméga 6, mais lorsque cette consommation est excessive, elle est pro-inflammatoire. Pour éviter cela, il faut que l'apport en oméga 3 soit au moins équivalent à celui en oméga 6.

Conseil

Veillez à favoriser un apport suffisant en acides gras essentiels et à limiter les acides gras trans.

Les vitamines

Les vitamines, qui font parties des micronutriments, sont de deux types : liposolubles (qui peuvent se dissoudre dans les graisses) – telles les vitamines A, D, E, K –, et hydrosolubles (qui peuvent se dissoudre dans l'eau) – ce sont toutes les vitamines du groupe B et la vitamine C.

Toutes les vitamines n'ont pas de valeur énergétique, mais, à faible dose, elles sont indispensables à l'organisme, car elles participent à de très nombreuses fonctions biologiques.

Les rôles principaux de quelques vitamines

La vitamine A : Elle est indispensable au développement de l'embryon, de l'enfant et de l'adolescent. Elle participe à la régénération des tissus et à la cicatrisation. Elle permet la vision des couleurs et l'adaptation à la vision crépusculaire.

La vitamine D : Elle joue un rôle important au niveau des tissus minéralisés (os, dents, cartilages) en permettant la fixation des minéraux et leurs échanges. Elle intervient dans le système immunitaire et nerveux, et régule le rythme cardiaque.

La vitamine E : C'est un super-antioxydant. Elle protège de l'oxydation les acides gras essentiels. Elle protège aussi les membranes cellulaires et évite le durcissement des vaisseaux.

La vitamine K : Elle est indispensable au processus de coagulation.

La vitamine C : C'est un antioxydant puissant. Elle neutralise les radicaux libres et protège ainsi toutes les cellules. Elle intervient dans les défenses immunitaires et l'absorption du fer non héminique.

La vitamine B9 : Elle est indispensable au développement du fœtus et à la croissance de l'enfant et de l'adolescent. Elle intervient dans la formation des globules rouges, ainsi que dans les fonctions du système nerveux et immunitaire.

La vitamine B12 : Elle est indispensable à la croissance et à la production des globules rouges. Elle permet le bon fonctionnement du système nerveux.

Les sources de vitamines

La vitamine A est présente dans l'huile de poisson, le beurre, le foie, le jaune d'œuf, dans les légumes à feuilles et les fruits de couleur orangée (carotte, potiron, mangue, melon...).

La vitamine D est principalement synthétisée par la peau sous l'effet des rayons UV. L'aliment qui en contient le plus est l'huile de foie de morue. On en trouve également dans les poissons gras, le jaune d'œuf et les champignons.

La vitamine E est très présente dans les huiles végétales, les amandes, les noix et les noisettes.

La vitamine K se trouve dans les légumes, notamment ceux ayant des feuilles vert foncé (épinard, laitue...), ainsi que dans certaines huiles végétales (de soja, de colza).

Les sources principales de vitamine C sont les fruits rouges, les agrumes et les légumes, notamment le persil et les poivrons rouges.

La vitamine B9 est présente dans les légumes à feuilles vertes, les légumineuses et le foie.

La vitamine B12 est principalement présente dans les produits animaux (abats, viandes, poissons, œufs, produits laitiers).

Les besoins en vitamines

Ils sont très variables, en fonction de l'âge, du sexe et de l'état physiologique (femme enceinte ou allaitante). L'ANSES a établi les besoins nutritionnels moyens pour toutes les catégories de la population (vous pouvez les retrouver sur le site de l'ANSES). Elle précise qu'une alimentation équilibrée et diversifiée permet de couvrir les besoins en vitamines.

Conseil

Privilégiez les légumes et les fruits frais de saison, qui sont les plus riches en vitamines. Soyez aussi attentif aux modes de consommation des aliments : certaines vitamines sont détruites par la chaleur, d'autres sont présentes dans les eaux de cuisson (ne les jetez pas).

Les minéraux et les oligoéléments

Les minéraux et les oligoéléments font partie des micronutriments. L'organisme est composé de nombreux minéraux, une vingtaine est indispensable à son bon fonctionnement. Certains sont présents en grandes quantités dans le corps, comme le calcium, le magnésium, le phosphore, le potassium, le sodium... D'autres, tout aussi importants, sont présents en très faibles quantités. On les appelle les oligoéléments – ce sont le fer, le zinc, le sélénium...

Les rôles principaux de quelques minéraux et oligoéléments

Le calcium : Il est indispensable au maintien des tissus osseux, intervient dans la coagulation sanguine, les contractions musculaires et les influx nerveux.

Le magnésium : C'est le plus présent dans l'organisme. Il intervient dans de très nombreuses réactions métaboliques. Il participe également à la transmission de l'influx nerveux et aux contractions musculaires.

Le phosphore : Il contribue à la fixation du calcium sur les tissus osseux. Il entre dans la composition des noyaux des cellules et des tissus nerveux. Il contribue à l'équilibre acido-basique.

Le potassium : Il participe au bon fonctionnement des reins, à la sécrétion d'acide de l'estomac, à la synthèse des protéines et au métabolisme des glucides.

Le sodium : Il permet la régulation de la pression osmotique, maintient l'équilibre acido-basique et la masse hydrique de l'organisme.

Le fer : Il est indispensable à la fabrication et au fonctionnement de l'hémoglobine ainsi que de la myoglobine. La première est responsable du transport de l'oxygène, la deuxième de l'oxygénation des muscles.

Le zinc : Il permet la constitution de nombreuses enzymes et participe au métabolisme des acides nucléiques et à la synthèse des protéines.

Le sélénium : Il permet la régulation du métabolisme des glucides et la fabrication des hormones thyroïdiennes.

Les sources de minéraux et oligoéléments

On trouve principalement le calcium dans les produits laitiers, les légumes, les fruits et les eaux minérales.

Le magnésium se trouve dans les légumes et les fruits, les céréales complètes et leurs dérivés, les légumineuses, les fruits oléagineux et le chocolat.

Le phosphore est présent dans les fromages à pâte ferme, la viande, les œufs, les crustacés et les mollusques, les céréales complètes et leurs dérivés, les légumineuses, les fruits et les graines oléagineuses.

Le potassium se trouve dans les légumes et les fruits, les produits laitiers, les légumineuses, le cacao.

Le sodium est apporté par les viandes, le blanc d'œuf, les algues, les poissons, les crustacés et les mollusques, ainsi que dans tous les aliments conservés par le sel (charcuteries, fromages, poissons fumés).

Le fer est surtout présent dans les viandes, les abats, les poissons pour le fer héminique, et dans les légumineuses, le tofu, les légumes à feuilles vertes pour le fer non héminique.

Le zinc est apporté par les viandes, les poissons, les œufs, les produits laitiers et les céréales complètes.

Le sélénium est présent quant à lui dans les viandes, les poissons, les œufs, les fruits et les graines oléagineuses.

Les besoins en minéraux et oligoéléments

Les apports quotidiens en minéraux et oligoéléments doivent compenser les pertes journalières. Le corps en possède quelques réserves, ce qui lui permet de combler les manques d'un jour sur l'autre. En règle générale, une alimentation équilibrée et variée suffit pour couvrir les besoins quotidiens.

Les apports conseillés par l'ANSES en minéraux et oligoéléments tiennent compte de différents facteurs : l'âge, le sexe, le mode de vie (activité physique ou pas), la physiologie (femme enceinte ou allaitante).

Conseil

Il est important de privilégier les légumes et les fruits frais de saison, qui sont les plus riches en minéraux et oligoéléments. Et de varier les modes de cuisson, car les minéraux vont avoir tendance à se retrouver en partie dans les liquides de cuisson (ne les jetez pas).

L'eau

Le corps est composé principalement d'eau, jusqu'à 60 % pour un adulte, dont la majorité est présente dans la masse musculaire. Cette eau ne reste pas « figée », elle remplit de nombreux rôles, qui pour certains entraîneront des pertes hydriques. Chaque jour le corps peut perdre jusqu'à 3 litres d'eau, il est vital que ces pertes soient compensées, car le corps ne pourrait survivre à plus de 3 jours sans eau. L'eau est donc un nutriment essentiel à la vie.

Les rôles de l'eau

Le rôle de l'eau est multiple : elle est primordiale dans le développement de l'organisme, elle participe à de nombreuses réactions chimiques, et elle aide le corps à réguler sa température grâce à la transpiration. Elle permet le transport de toutes les substances nutritives, des hormones, des différents globules et autres (tous les éléments contenus dans le sang et la lymphe), entre les cellules. Elle récupère tous les déchets qui seront éliminés dans les urines. Elle a un rôle protecteur pour le cerveau, qui baigne dans le liquide céphalorachidien, ou pour le fœtus, grâce au liquide amniotique. Elle est indispensable aux performances sportives et intellectuelles.

Les sources d'eau

Les apports en eau sont assurés par les boissons et les aliments consommés dans la journée. Mais attention, l'eau est la seule boisson indispensable au bon fonctionnement de l'organisme. Elle n'apporte pas de calories et peut être consommée à volonté – contrairement aux boissons sucrées (sodas, sirops, eaux aromatisées, jus de fruits) qui, certes, apportent de l'eau, mais également des sucres en quantités variables (qui augmenteront les apports en glucides simples et en calories de la journée).

Pour varier les apports hydriques, l'eau du robinet peut être remplacée par des eaux minérales gazeuses ou non gazeuses, des eaux de source, des tisanes ou des infusions sans sucre, ou du café ou du thé sans sucre de façon modérée. Il est également possible de consommer les bouillons de légumes (eau de cuisson des légumes) ou de préparer des eaux aromatisées maison avec quelques morceaux de fruits et d'herbes aromatiques (voir les recettes des eaux aromatisées p. 118).

Les aliments consommés sur une journée apportent en moyenne 1 litre d'eau. Ceux qui en sont le plus riche sont les légumes et les fruits, qui en contiennent environ 80 %. On trouve également de l'eau dans toutes les céréales, les tubercules, les produits laitiers ou équivalent végétal, les viandes, les poissons.

Les besoins en eau

En fonction de l'activité physique, de la température extérieure, de la sécheresse de l'air, de l'état physiologique (grossesse, allaitement...) ou pathologique (diarrhée, fièvre), les besoins en eau seront variables, voire grandement augmentés.

Les premiers signes d'un manque d'eau se manifestent par une sensation de soif, des difficultés à se concentrer qui pourront aller jusqu'à la migraine, par l'apparition d'urines foncées et malodorantes, par de la constipation. Cela pourra s'aggraver, avec l'apparition de crampes, de douleurs musculaires, ainsi que de sensations de grosse fatigue et de plis cutanés montrant une déshydratation importante.

Pour éviter toute déshydratation, il est recommandé de boire au moins 1,5 litre d'eau par jour et d'en augmenter la quantité si nécessaire (dépense physique, chaleur...).

Conseil

Il est important de s'hydrater tout au long de la journée, l'idéal étant d'avoir toujours à portée de main un verre, un mug, une bouteille, et de boire une à deux gorgées d'eau régulièrement.

La méthode du code couleur

Pour être en bonne santé, il faut apporter au corps tous les nutriments dont il a besoin. Or, étant donné qu'il n'existe aucun aliment naturel capable de fournir, à lui seul et en quantités suffisantes, tous les nutriments nécessaires, il faut veiller à procurer au corps une alimentation équilibrée et diversifiée.

J'ai, au fil des années – plus de 30 ans de consultations en libéral –, développé une méthode simple et ludique, sans calcul compliqué, pour aider chacun et chacune à mettre en place un régime équilibré. Cette méthode classe les aliments en 6 familles, que j'ai associées à 6 couleurs différentes. En me basant sur ces couleurs, je propose ensuite des recettes, qui vous permettront de réaliser aisément les différents menus, pour des repas gourmands et très savoureux.

La famille des protéines

Cette famille comprend à la fois les protéines d'origine animale, apportées par les œufs, les viandes, les poissons et fruits de mer, et les protéines d'origine végétale, apportées par les légumineuses et les céréales.

Les aliments de cette famille apportent également des lipides (en quantités très variables), ainsi que des vitamines du groupe B et du fer.

Les protéines animales

Les œufs

Il existe trois tailles d'œufs : les petits (environ 50 g), les moyens (environ 60 g) et les gros œufs (environ 70 g). Pour comparer les apports en protéines et proposer des équivalences entre les différents aliments qui composent cette famille, c'est un gros œuf qui servira de référence. Un œuf d'environ 70 g apporte en moyenne 9 g de protéines, avec un apport optimal en acides aminés essentiels.

NB : Choisissez vos œufs de préférence bios (FR0), et présentant le label Bleu/Blanc/Cœur. Ce dernier garantit une alimentation des poules enrichie en graines de lin, ce qui confère aux jaunes d'œufs une bonne teneur en oméga 3.

À savoir

La consommation d'œufs recommandée est de 6 œufs par semaine pour un sujet en bonne santé. Elle sera limitée à 3 ou 4 par semaine en cas d'hypercholestérolémie.

Côté cuisine

Ils seront préparés durs, pochés, poêlés, en cocotte, en omelette (avec peu de matières grasses), ou se retrouveront dans des préparations.

Les viandes

Les protéines de la viande sont de bonne qualité : elles contiennent tous les acides aminés essentiels dans de bonnes proportions. En moyenne, les viandes apportent 20 g de protéines pour 100 g.

Les viandes se divisent en 2 catégories : les viandes blanches et les viandes rouges. Certaines sont très pauvres en matières grasses (MG) – moins de 5 % –, alors que d'autres en contiennent beaucoup plus. Une classification en fonction de leur apport en matières grasses est proposée. Ainsi, il sera facile d'organiser ses repas sur la semaine en veillant à ce qu'il y ait un équilibre viandes grasses/viandes maigres.

LES VIANDES ROUGES		LES VIANDES BLANCHES	
Le porc	< 5 % de MG : jambon cuit, filet mignon, bacon. > 10 % de MG : côtelettes, rôti, échine, travers, charcuterie.	Les volailles	< 5 % de MG : poulet, dinde, pintade, poule et caille. > 10 % de MG : canard, faisan, oie, pigeon.
Le bœuf	< 5 % de MG : bifteck, faux-filet, rosbif, bavette, steak à 5 %. > 10 % de MG : langue, entrecôte, bourguignon, pot-au-feu, steak haché 10-15 % de MG.	Le lapin	Viande maigre < 5 % de MG
Le gibier	Viandes maigres Le + pauvre en MG : le chevreuil. Le + gras : le sanglier (mais moins gras que le porc).		
Le mouton, l'agneau	Viandes grasses > 10 % de MG		
Le veau	< 5 % de MG : côte, escalope, filet. > 10 % de MG : rôti, épaule.		
Le cheval	Viande maigre < 5 % de MG		

À savoir

Il est recommandé de consommer moins de 500 g de viande rouge et moins de 150 g de charcuterie par semaine.

Côté cuisine

Les viandes pourront être grillées, cuites au four, en papillote, rôties, mijotées ou poêlées avec peu de matières grasses.

- **Les poissons, crustacés et mollusques**

Les poissons et autres fruits de mer sont riches en protéines : ils en apportent en moyenne 18 g, pour 100 g de chair. Les poissons présentant une teneur en lipides plus ou moins importante, ils sont classés en fonction de leur apport en matières grasses.

LES POISSONS		LES CRUSTACÉS	LES MOLLUSQUES
< 5 % de MG	Bar, brochet, colin, cabillaud, daurade, morue, sole, raie, truite.	Crevettes, crabes, gambas, araignée de mer, etc.	Coquilles Saint-Jacques, huîtres, moules, etc.
5 à 10 % de MG	Sardine, turbot, carpe, maquereau.		
10 à 15 % de MG	Hareng, anguille, thon et saumon.		

À savoir

Il est recommandé de consommer une portion de poisson maigre et une portion de poisson gras par semaine.

Côté cuisine

Les poissons, crustacés et mollusques pourront être cuits au court-bouillon, au four, en papillote, mijotés ou poêlés avec peu de matières grasses.

Les protéines végétales

Elles permettent de varier l'apport en protéines, de réduire la consommation de protéines animales, voire de les remplacer totalement, pour ceux qui le souhaitent.

Les sources en protéines végétales sont nombreuses. On retiendra celles qui en sont le plus riches.

Les légumineuses

Le soja

Cette légumineuse est la seule du règne végétal à contenir tous les acides aminés essentiels, et dans des proportions optimales. Elle peut être consommée sous différentes formes. Sous sa forme d'origine, en graines, elle se consomme comme n'importe quelle légumineuse. On la trouve fermentée (sous forme de tempeh, par exemple), ou non fermentée (sous forme de tofu, par exemple). Elle existe aussi sous forme de farine, à utiliser dans des préparations type gâteaux (on peut la mélanger à d'autres farines), et sous forme de « protéine texturée », qu'il faudra réhydrater pour l'utiliser dans des farces, ragoûts ou galettes végétales.

Le lupin

Cette graine, très riche en protéines, se déguste cuite à l'apéritif ou peut être ajoutée dans des salades. Elle est aussi très utilisée en tant que farine dans les galettes et gâteaux.

Les lentilles

Qu'elles soient vertes, blondes ou corail, elles sont toutes riches en protéines. Elles se consomment cuites, telles quelles, en purée, en soupe ou sous forme de galettes.

Les haricots rouges, noirs, blancs

De tous les haricots secs, ce sont les haricots rouges qui sont les plus riches en protéines. Ils se consomment cuits, dans leur forme d'origine, en grains. On peut également les cuisiner en purée ou en galettes.

Les pois cassés

Ils se consomment cuits, en grains, mais également dans les soupes ou en purée.

Les pois chiches

Ils seront consommés cuits, en grains, sous forme de purée (houmous) ou encore de boulettes (falafels). Ils peuvent aussi être utilisés sous forme de farine (à mélanger à de la farine de blé).

À savoir

Pour rappel, seul le soja apporte, et en de bonnes proportions, tous les acides aminés essentiels. Les autres légumineuses manquent de méthionine, et les céréales manquent de lysine. Mais la nature est bien faite, car elles peuvent se compléter – sans compter que bien d'autres protéines végétales, comme celles apportées par les fruits et les graines oléagineuses, compléteront ces déficits. Dans le cadre d'une alimentation exclusivement végétale, pensez à équilibrer et varier les sources de protéines, afin de couvrir tous les besoins en acides aminés essentiels.

Les céréales

LE SEITAN

Il est fabriqué à partir de farine de blé ou d'épeautre, à laquelle on retire tout l'amidon afin de ne garder que le gluten. La pâte obtenue est très riche en protéines. Elle sera cuisinée dans des bouillons, en remplacement de la viande comme dans les hachis, en plats mijotés ou en brochettes.

Les protéines végétales dans les produits industriels

On trouve aujourd'hui de nombreux produits préparés à base de légumineuses et/ou de céréales, portant parfois la mention « végé » ou « végan », allant des simples galettes à la simili-viande, sous l'apparence de steaks, saucisses, nuggets...

Il faut rester vigilant quant à la consommation de ces produits, qui pourraient laisser croire, de par leur forme, qu'ils sont riches en protéines. Malheureusement, si certaines marques ont veillé à la richesse nutritive de leurs produits, d'autres proposent des produits de qualité médiocre présentant un total déséquilibre (protéines très insuffisantes, mais apports en lipides très élevés).

Conseils

Regardez toujours la liste des ingrédients : il doit y avoir le moins d'ingrédients possible, et un nombre limité (nul, si possible) d'additifs et épaississants. Regardez aussi la composition du produit : le rapport entre les protéines et les lipides doit toujours être en faveur des protéines, jamais plus de lipides que de protéines. Avec, dans l'idéal, un apport proche de 20 g de protéines pour 100 g de produit, et un apport en lipides maximum de 10 g pour 100 g.

ÉQUIVALENCES EN PROTÉINES
DE QUELQUES ALIMENTS

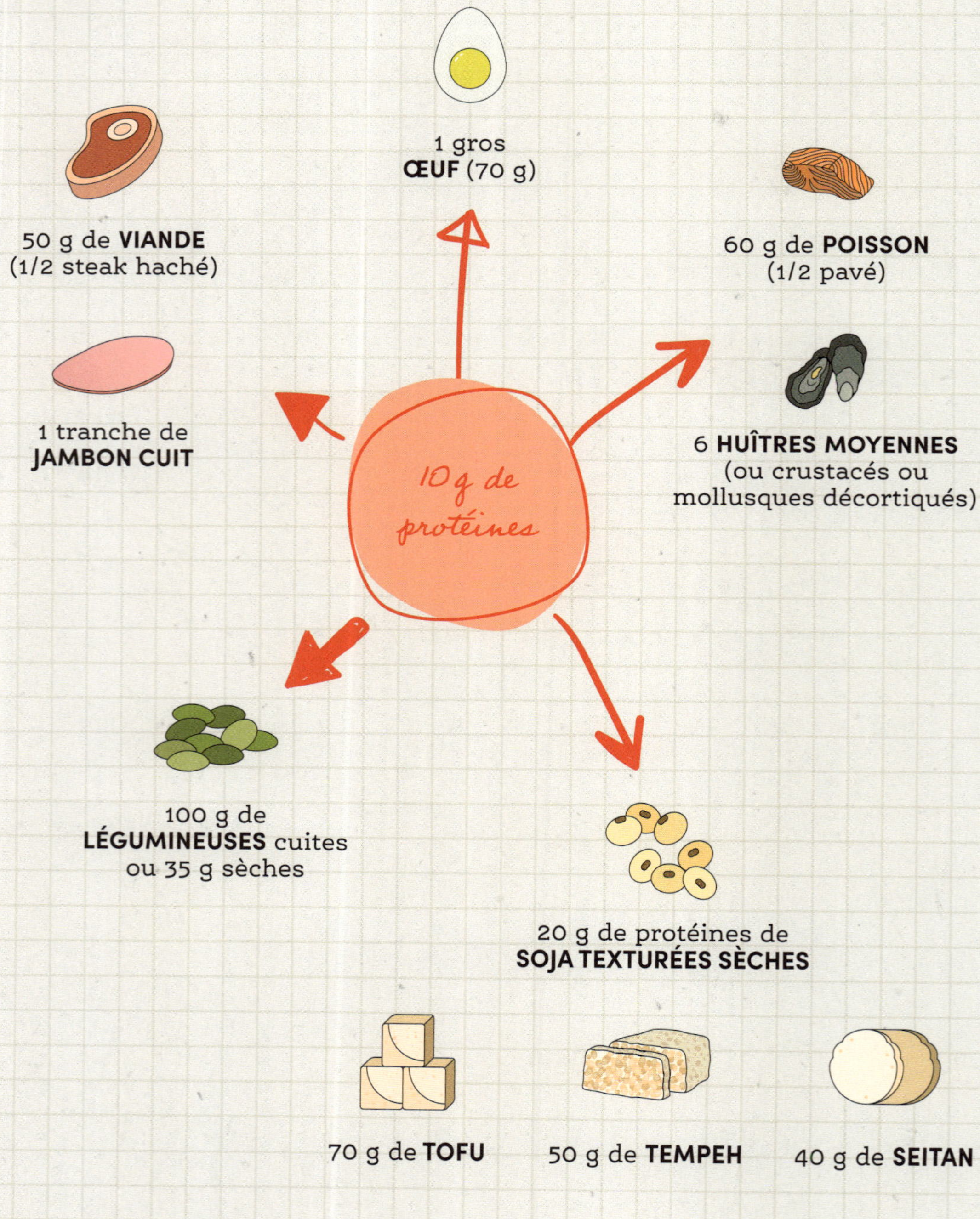

La famille des glucides complexes

Cette famille contient tous les aliments les plus riches en glucides complexes, tels que les céréales et tous ses dérivés (pain...), les légumineuses, les tubercules et autres variétés.

On notera que les aliments de cette famille apportent également des protéines végétales, des vitamines et des fibres. Il sera d'ailleurs toujours plus intéressant sur le plan nutritionnel de consommer ces aliments plutôt complets que raffinés : plus ils contiennent de fibres, plus ils sont également riches en vitamines et en minéraux (et plus ils sont aussi rassasiants).

Pour faciliter les équivalences, la famille des glucides complexes sera partagée en deux catégories : le pain et tous ses dérivés, et les féculents.

Les pains et ses dérivés

Les pains frais

Il existe une multitude de variétés de pains. Ils ne sont pas tous égaux en apports caloriques, tout dépend de leur composition. À la base, le pain, ce n'est que de la farine, de l'eau, du sel et de la levure. Il n'y a pas de matières grasses, contrairement à des pains plus élaborés, aux brioches, biscottes et autres tartines industrielles.

Les pains frais ont des densités différentes : tandis que la tartine de pain blanc ne pèse que 20 g, celle d'un pain plus dense, comme le pain noir, peut peser le double.

Il faut rester attentif au pain que l'on consomme, car les apports énergétiques journaliers peuvent en être grandement modifiés sans que l'on s'en rende compte.

Voici une sélection de pains plutôt à privilégier. Ils sont plus riches en fibres, et apportent plus de nutriments et de satiété (ceux qu'il faudra plutôt limiter sont pauvres en fibres ou trop riches en matières grasses).

Les pains à privilégier

- Pain au levain
- Pain bis ou complet
- Pain de campagne
- Pain de seigle
- Pain de sarrasin
- Pain aux céréales
- Pain au son
- Pain de mie complet

Les pains à limiter

- Pain blanc
- Pain de mie blanc
- Pains spéciaux (composition très variable, avec une teneur plus ou moins élevée en matières grasses)

Les tartines craquantes

Ce sont les pains grillés, le pain azyme, les petits grillés type suédois, les biscottes, les tartines type Wasa, le pain des fleurs ou les Cracottes, les gressins...

Ils sont souvent perçus comme pauvres en calories parce que légers. Or, ce n'est pas du tout le cas, bien au contraire. Pratiquement exempts d'eau, ils concentrent tous les nutriments : à poids égal, vous trouverez davantage de glucides dans un pain sec que dans la même quantité de pain frais (qui, lui, contient de l'eau).

Prenons en exemple trois gressins classiques. Ils se mangent facilement, sans faim et rapidement. À la fin, on n'a pas la sensation d'avoir beaucoup mangé. Et pourtant, ils correspondent à un quart de baguette sur le plan calorique.

Il faut donc être prudent quant aux quantités consommées de ce type de produit (qui seront d'autant plus riches s'ils contiennent en plus des matières grasses). Il faudra penser à les inclure dans les apports journaliers.

Préférez également ceux sans sucres ajoutés, pour éviter les calories supplémentaires inutiles sur le plan nutritif.

Les céréales spécial « petit déjeuner »

Dans les rayons des grandes surfaces, le choix des céréales spécial « petit déjeuner » est pléthorique, les packagings sont très attrayants et de nombreuses promotions incitent à l'achat. Restez vigilant, ces produits sont souvent très riches en sucres, en matières grasses et en additifs.

Étant sèches, ces « céréales » sont donc très concentrées en calories. Or, le piège, c'est qu'étant légères, on a tendance à les consommer en grande quantité pour être rassasié. De plus, étant vite digérées, elles peuvent provoquer une hypoglycémie réactionnelle, ce qui pourra se traduire par une grosse fringale en milieu de matinée.

Pour éviter cela, choisissez des céréales petit déjeuner sans sucres ajoutés, avec une préférence pour les muesli (sans sucres ajoutés donc), ou simplement des flocons d'avoine, de seigle, de maïs, de quinoa, de riz... que vous pourrez associer, pour réaliser vous-même vos propres céréales petit déjeuner (voir les recettes de petit déjeuner p. 101).

Les biscuits, gâteaux, viennoiseries et autres

Dans le cadre d'une alimentation équilibrée, les biscuits, gâteaux, et autres viennoiseries, peuvent être consommés. Ils le seront à la place d'une portion de pain ou de féculents. On évitera cependant de le faire trop souvent, car ils sont riches en sucres et en matières grasses. Il est important de trouver le bon équilibre entre ses envies et ses besoins physiologiques pour ne pas créer de frustrations, en prenant par exemple un petit croissant le dimanche matin pour remplacer son petit déjeuner habituel, ou en savourant une part du gâteau dominical.

Il faudra par ailleurs privilégier les biscuits et gâteaux faits maison ; d'autant que l'on trouve aujourd'hui quantité de recettes plus légères en sucres et en matières grasses que les recettes traditionnelles ou que les versions industrielles.

Les féculents

Regroupant toutes les céréales, les légumineuses, les tubercules et autres assimilés, les féculents sont souvent supprimés des repas, car on leur reproche d'être responsables de la prise de poids. Ceci est un préjugé : les féculents nature ne sont pas si riches en calories, c'est la façon de les accommoder qui va faire augmenter de façon importante les apports du plat. C'est donc au niveau de la préparation des féculents qu'il faut être vigilant. N'oubliez pas que l'organisme, pour son bon fonctionnement, a des besoins en glucides très élevés. Consommer des féculents évitera les coups de fringale en dehors des repas, la baisse de concentration et les envies de sucre.

Les céréales et leurs dérivés

Au sein des féculents, on va retrouver toutes les céréales et leurs dérivés, ainsi que tous les produits qui seront élaborés à partir de celles-ci :

- Le blé : tel quel (type Ebly), toutes les pâtes (blanches, semi-complètes ou complètes), toutes les farines de blé, la semoule, l'épeautre, le boulgour...
- Le riz : tous les riz – blanc, basmati, sauvage, complet –, ainsi que les nouilles, les vermicelles de riz et les farines de riz.
- Le maïs : en grains, en fécule, en polenta.

Il faudra aussi compter sur le quinoa, le sarrasin, l'orge et le seigle.

S'ajoutent à cette liste les châtaignes et les marrons, qui ne sont pas des céréales mais qui seront considérés comme féculents – ce sont des fruits à coque très riches en amidon.

Côté cuisine

On accommodera les céréales et leurs dérivés avec un peu de matière grasse ou une sauce tomate. Ils se marient également très bien avec les légumes cuits ou crus, en entrée comme en plat de résistance. Certains entrent même dans la composition de desserts.

Les légumineuses

Riches en glucides et en protéines, les légumineuses se retrouvent dans ces deux familles. En fonction de la répartition de vos repas, elles pourront combler ces deux familles, ou on ne tiendra compte que de leur apport en protéines ou seulement celui en glucides (voir les exemples de répartitions p. 74-75).

Dans la famille des féculents, on aura toutes les différentes lentilles, les pois chiches, les pois cassés et les graines de soja. Ainsi que toutes les variétés de haricots en grains : flageolet, haricot de Soissons, mogette de Vendée, haricot rose, noir coco, rouge, mungo...

Côté cuisine

On accommodera les légumineuses avec un peu de matière grasse. Elles se consomment aussi bien chaudes que froides, en entrée ou en plat de résistance, et se marient également très bien avec les légumes cuits ou crus.

Les tubercules

Les tubercules sont en fait les réserves de la plante, qui lui permettent de survivre durant la mauvaise saison.

On connaît principalement les pommes de terre et les patates douces, mais il y a aussi les crosnes, les ignames, le manioc, le taro, le panais et le topinambour.

Côté cuisine

On accommodera les tubercules avec un peu de matière grasse. Ils sont très pratiques pour réaliser des purées (on pourra les mélanger à d'autres légumes), des gratins ou pour accompagner des plats mijotés.

ÉQUIVALENCES GLUCIDIQUES
DE QUELQUES FÉCULENTS

100 g (4 c. à s.) de **CÉRÉALES CUITES**
(pâtes, riz, semoule, maïs...) ou
30 g (2 c. à s. rases) de **CÉRÉALES CRUES** (pâtes, riz, semoule)

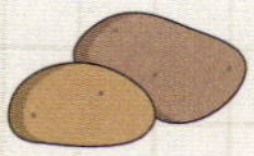

100 g
(1 pomme de terre
ou 4 c. à s.)
de **TUBERCULES CUITS**

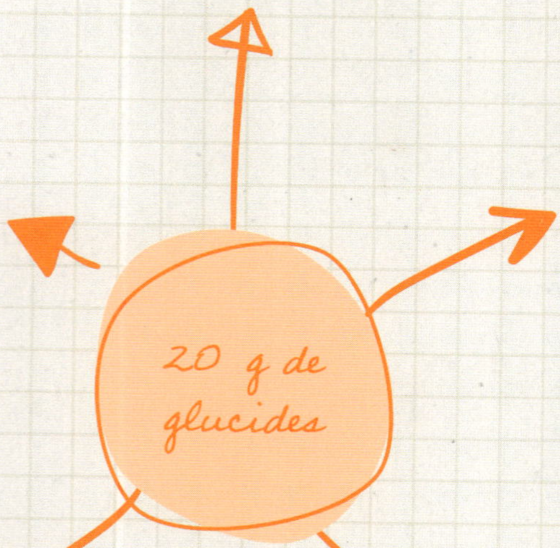

30 g
(3 c. à s. rases)
de **FARINE**

100 g (4 c. à s.)
de **PANAIS**
ou **CHÂTAIGNES CUITS**

100 g (4 c. à s.)
de **LÉGUMINEUSES CUITES**
ou 35 g (1,5 c. à s.)
de **LÉGUMINEUSES SÈCHES**

La famille des lipides

Cette famille regroupe les matières grasses qui seront utilisées en cuisine ou en guise d'assaisonnement. Il y a deux origines possibles à ces matières grasses : elles sont soit végétales, apportées par les graines ou les fruits oléagineux et tous leurs dérivés, soit animales, obtenues à partir de laits ou d'autres graisses animales.

Il faudra privilégier les graisses végétales, car elles sont riches en acides gras essentiels, contrairement aux graisses animales, qui contiennent principalement des acides gras saturés. Les aliments de cette famille apporteront également de la vitamine A et D.

Les matières grasses végétales

Les huiles

Il existe de nombreuses variétés d'huiles végétales. Il est important d'en consommer pour apporter à l'organisme suffisamment d'acides gras essentiels. Notez que les teneurs en oméga 3 (Ω 3) et en oméga 6 (Ω 6) sont très différentes d'une huile à l'autre.

Pour savoir où les trouver et permettre de les diversifier, les huiles ont été classées en fonction de leur teneur en acides gras.

HUILES RICHES EN Ω 3	HUILES RICHES EN Ω 6	HUILES RICHES EN Ω 9
Huile de colza (contient aussi des Ω 9)	Huile de bourrache	Huile d'olive
Huile de noix (contient aussi des Ω 6)	Huile de tournesol	Huile de noisette (contient aussi des Ω 6)

HUILES RICHES EN Ω 3	HUILES RICHES EN Ω 6	HUILES RICHES EN Ω 9
Huile de lin	Huile de pépins de raisin	Huile d'arachide (contient aussi des Ω 6)
Huile de cameline (contient aussi des Ω 6)	Huile de chanvre (contient aussi des Ω 3)	Huile de sésame (contient aussi des Ω 6)
	Huile de soja (contient aussi des Ω 3)	
	Huile de maïs	

COMMENT UTILISER LES HUILES VÉGÉTALES ?

Les huiles riches en oméga 3 sont très fragiles à la lumière, à l'air et à la chaleur. Il est conseillé de les conserver dans l'obscurité (bouteille opaque) et de préférence au réfrigérateur. Elles sont à consommer rapidement après ouverture, dans le mois (préférez des bouteilles de petit volume). Ces huiles ne serviront pas à la cuisson car les oméga 3 seraient très vite dénaturés par la chaleur ; elles seront consommées crues, en assaisonnement.

Les huiles riches en oméga 6 et oméga 9 peuvent être utilisées crues et en cuisson, mais attention tout de même, elles ne supportent pas toutes le même niveau de température. Si de la fumée venait à apparaître avec une odeur désagréable, cela voudrait dire que l'huile est arrivée à une température qu'elle n'a pas pu supporter ; ses acides gras, dénaturés, se sont vraisemblablement transformés en molécules cancérigènes. Il faudra jeter cette huile.

Sachez que l'huile d'olive vierge ne doit pas dépasser une température de cuisson de 210 °C. Elle peut être utilisée pour frire à feu moyen, mais si l'on désire un feu plus vif – 230 °C, par exemple –, l'huile de maïs, de pépins de raisin ou de tournesol sont préférables.

À savoir

Les huiles apportent toutes 100 % de lipides, il n'existe pas d'huile moins riche en lipides.

Les graines et les fruits oléagineux

On regroupe dans cette catégorie toutes les graines riches en lipides et les fruits oléagineux.

Elle comprend toutes les noix : noix de Grenoble, noix de cajou, noix de pécan, noix de macadamia, noix du Brésil, noix de coco… Ainsi que les amandes, noisettes, pistaches, pignons de pin, cacahuètes et graines (courge, tournesol, lin, chia, sésame…).

Toutes les sortes d'olives, et l'avocat, en feront également partie.

On pourra les consommer tels quels, sous forme de purée (purée d'amandes, de sésame, beurre de cacahuètes, tapenades…), en poudre dans ces préparations (poudre d'amandes, de noisettes…), ou encore râpée, comme la noix de coco.

> **À savoir**
>
> L'apport en lipides des fruits oléagineux varie entre 50 g et 70 g pour 100 g.

Il est recommandé de consommer entre 20 g et 30 g par jour de graines ou de fruits oléagineux pour profiter de leurs apports en bons acides gras.

Les margarines

Les margarines sont obtenues grâce à une émulsion d'eau et d'huile végétale stabilisée par l'ajout d'un émulsifiant. Leur composition est très variable, en fonction des huiles qui en sont à la base, de la quantité d'huile utilisée et des additifs ajoutés. Certaines affichent une teneur en oméga 3 plus élevée, ou la présence de phytostérols.

Dans tous les cas il faut éviter les margarines contenant des acides gras trans ou notés « graisses hydrogénées », et celles contenant de l'huile de palme. Sélectionnez celle dont la liste des ingrédients est la plus courte (moins d'additifs) et sur laquelle l'huile de colza apparaît en tête.

> **À savoir**
>
> La margarine contient en moyenne 81 % de matières grasses. Certaines sont allégées (entre 41 % et 62 % de MG). Celles contenant moins de 20 % de MG ne peuvent être nommées « margarine » : on les désigne sous l'appellation de « pâte à tartiner ».

Les crèmes végétales

Les crèmes végétales peuvent être utilisées à la place des crèmes fraîches, une alternative intéressante pour les personnes intolérantes au lactose, ainsi que pour celles qui veulent ou doivent réduire leur consommation en graisses animales.

Elles sont fabriquées en additionnant à une boisson végétale réalisée à partir de fruits oléagineux (amandes), de céréales (avoine, riz) ou de légumineuses (soja), une huile végétale et un épaississant.

À savoir

L'apport en lipides de ces crèmes est très variable : il peut aller de moins de 5 % à plus de 25 %.

Le lait et la crème de coco font également partie des crèmes végétales.

Ces produits sont très différents gustativement les uns des autres. Chacun pourra choisir en fonction de ses goûts. Toutefois, évitez les crèmes qui contiennent du sucre ajouté et du carraghénane (additif E-407).

Les matières grasses animales

Les beurres

Ils sont réalisés par barattage de la crème issue du lait de vache. Cette action permet de séparer les matières grasses et le liquide restant dans la crème, pour obtenir une pâte solide à basse température (et qui se liquéfie à la chaleur).

On en trouve de multiples versions : salé, demi-sel, doux, allégé. Il existe également une version clarifiée, le ghee ; ce beurre ne contient plus de lactose, ni de caséine, il est intéressant pour les personnes qui y seraient allergiques.

À savoir

Le beurre standard contient en moyenne 82 % de matières grasses ; les versions allégées, entre 41 % à 62 %. Celles contenant moins de 20 % de MG ne peuvent être nommées « beurre » : elles sont appelées « matières grasses laitières à tartiner ».

Malgré une teneur en acides gras saturés élevée, le beurre n'est pas à supprimer de l'alimentation, car il est très riche en vitamine A et D. Pour cette raison, il devra être consommé de préférence cru, les vitamines étant dénaturées à la cuisson.

Les crèmes fraîches

La crème s'obtient par le passage du lait de vache dans une centrifugeuse, qui le sépare de sa matière grasse (la crème « liquide »). À la sortie, le lait est dit « écrémé ». Pour réaliser une crème épaisse, il faudra ajouter un ferment lactique à la crème liquide, et la laisser « mûrir » quelques heures : la crème va s'épaissir et prendre un goût plus acide.

À savoir

Les crèmes liquides ou épaisses contiennent en moyenne 30 % de matières grasses.

La crème liquide est utilisée de préférence pour les sauces ; la crème épaisse, plutôt pour les appareils à tarte ou à quiche (elle se consomme aussi telle quelle, en accompagnement de certains desserts).

Conseil

Évitez de prendre des crèmes contenant moins de 15 % de MG (allégé) : elles contiennent beaucoup plus d'additifs et d'épaississants. Évitez également celles contenant du carraghénane.

Les autres graisses animales

Extraites de la graisse des animaux, elles contiennent entre 90 % et 100 % de matières grasses.

À titre d'exemple, c'est avec la graisse de porc qu'est réalisé le saindoux. On trouve aussi la graisse d'oie ou de canard.

Ces matières grasses sont surtout utilisées en cuisine, dans des recettes traditionnelles.

ÉQUIVALENCES LIPIDIQUES
DE QUELQUES ALIMENTS

12 g (2 c. à c.) de **BEURRE** ou de **MARGARINE**
24 g (4 c. à c.) de **BEURRE** ou de **MARGARINE À 41 %**
40 g (6 c. à c.) de **BEURRE** ou de **MARGARINE À 25 %**

10 **OLIVES NOIRES** à la grecque ou 20 **OLIVES NOIRES OU VERTES** en saumure

10 g d'**HUILE** (1 c. à s. de 10 ml ou 2 c. à c.)

½ **AVOCAT**

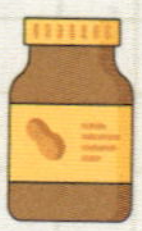

20 g (3 c. à c. rases) de **PURÉE D'OLÉAGINEUX**

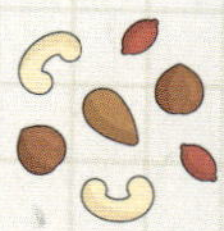

20 **AMANDES** ou **NOISETTES**,
15 **NOIX DE CAJOU**,
10 **CERNEAUX DE NOIX**,
30 **PISTACHES**

30 g (1 c. à s.) de **CRÈME FRAÎCHE ÉPAISSE À 30 %**
60 g (2 c. à s.) de **CRÈME FRAÎCHE ÉPAISSE À 15 %**
30 g (2 c. à s.) de **CRÈME FRAÎCHE LIQUIDE À 30 %**
60 g (4 c. à s.) de **CRÈME FRAÎCHE LIQUIDE À 15 %**

La famille des fibres, vitamines et minéraux

Cette famille contient tous les légumes et les fruits, qui sont riches en fibres, en vitamines et en minéraux. Ils sont indispensables pour apporter au corps tous ces nutriments de façon optimale. Au niveau des macronutriments, les légumes et les fruits apportent principalement des glucides simples.

Les légumes

Ils sont pauvres en protéines et en lipides. Leur teneur moyenne en glucides est de 5 g pour 100 g. Ils contiennent énormément d'eau et de fibres. Tout cela fait d'eux des aliments très peu caloriques, et très rassasiants.

Ils pourront être consommés à volonté, crus et/ou cuits, à chaque repas.

Voici la liste de tous les légumes qui peuvent être consommés à volonté :

- Artichaut
- Asperge
- Aubergine
- Betterave
- Blette
- Brocoli
- Butternut
- Carotte
- Cardon
- Céleri branche
- Céleri rave
- Cèpe
- Champignon de Paris
- Chicorée
- Chou kale
- Chou vert
- Chou-fleur
- Choux de Bruxelles
- Chou rouge
- Concombre
- Cœur de palmier
- Courge

- Courgette
- Cresson
- Endive
- Épinard
- Fenouil
- Fèves fraîches
- Haricot vert
- Laitue
- Mâche
- Navet
- Oignon
- Oseille
- Pissenlit
- Poireau
- Pois gourmand
- Petits pois
- Poivron
- Potiron
- Radis
- Rhubarbe
- Rutabaga
- Salsifis
- Tomate

Privilégiez, si possible, les légumes frais de saison et locaux. Ils seront plus riches en vitamines et en minéraux. Pour autant, ne négligez pas les légumes surgelés ou en conserves non cuisinés, si cela est pratique pour vous et vous permet de varier leur consommation.

Côté cuisine

Les légumes peuvent être préparés de nombreuses façons : cuits à l'eau ou à la vapeur, sautés à la poêle ou dans un wok avec un peu de matières grasses, en frites au four, en gratin, en soupe, en tarte...
En crudités, variez vos assaisonnements en fonction du légume et de vos goûts pour les rendre plus attrayants et savoureux dans votre assiette. Cependant, faites attention à la quantité de matière grasse utilisée. (voir les recettes de vinaigrette p. 84).

Les fruits

Les fruits frais sont, comme les légumes, pauvres en protéines et en lipides. Mais, contrairement aux légumes, leur taux de glucides est plus élevé – en moyenne 12 g pour 100 g.

Certains fruits, comme les fraises, en sont pauvres – elles ne contiennent que 5 % de glucides. D'autres, en revanche, en renferment beaucoup plus, comme la banane, qui en contient 20 %.

Il faudra rester prudent avec les fruits séchés, tels les grains de raisins secs, les pruneaux séchés et autres : ayant perdu toute leur eau, ils se sont concentrés en sucre : ils contiennent ainsi entre 50 % et 75 % de glucides.

Il n'y a aucune raison cependant de supprimer les fruits les plus riches en glucides : il suffit d'adapter la portion en fonction de leur teneur en sucres (voir les équivalences p. 44).

Attention aux jus de fruits : ils contiennent tous les sucres du fruit sans ses fibres. Peu rassasiants, ils peuvent être consommés en grande quantité, augmentant de façon importante l'apport en glucides simples. Ils devront être consommés de façon occasionnelle.

Privilégiez le smoothie, qui est réalisé avec des fruits entiers mixés et contient ainsi toutes les fibres.

Il faudra limiter les fruits sous forme de compotes. Si elles proviennent du commerce, prenez-les sans sucres ajoutés. Faciles à consommer, elles sont souvent prises en quantité plus importante par rapport à un fruit frais, qui demande à être mastiqué et est ainsi plus rassasiant. De plus, la cuisson génère de grandes pertes en vitamines. Ceci est aussi valable pour les fruits au sirop.

Conseil

Privilégiez les fruits de saison et, si possible, locaux. Les fruits surgelés sont une bonne alternative quand on est hors saison, la surgélation n'entraînant pas de pertes en vitamines et en minéraux. Comme les légumes, les fruits surgelés le sont au moment de la pleine saison, juste après la récolte. Ils ont donc conservé leurs qualités nutritionnelles.

ÉQUIVALENCES
DE PORTIONS DE FRUITS

1 portion de fruits

- 1/6 de **PASTÈQUE**
- ¼ d'**ANANAS**
- 1/3 d'une grosse **MANGUE**
- ½ **POMELO**
- ½ **MELON**
- ½ **PAPAYE**
- ½ ou 1 petite **BANANE**
- 1 petit **KAKI**
- 1 **ORANGE**
- 1 **PÊCHE/ NECTARINE**

- 1 **POIRE**
- 1 **POMME**
- 1 **COING**
- 1 **GOYAVE**
- 1 **FRUIT DE LA PASSION**
- 1 petite **GRENADE**
- 2 petits **KIWIS**
- 2 **CLÉMENTINES** moyennes

- 2 **FIGUES** fraîches ou séchées moyennes
- 3 **PRUNEAUX**
- 3 **PRUNES**
- 3 **ABRICOTS** frais ou secs
- 3 **DATTES**
- 6 **BAIES DE GOJI**
- 10 **LITCHIS**

- 15 **MIRABELLES**
- 15 grains de **RAISIN**
- 15 **CERISES**
- 1 petite poignée de **CRANBERRIES**
- 1 bol de **MÛRES**
- 1 bol de **FRAISES**
- 1 bol de **FRAMBOISES**
- ½ bol de **MYRTILLES**
- ½ bol de **GROSEILLES**
- ½ bol de **CASSIS**

La famille calcique

Dans cette famille sont regroupés tous les aliments contenant une teneur en calcium importante, comme les produits laitiers (le lait, les yaourts, les fromages) et les produits à base végétale enrichis en calcium.

Ces produits apportent également des protéines, qui viendront compléter les besoins journaliers, et des lipides, dont la teneur est plus ou moins importante.

Certains de ces produits sont enrichis en vitamine D, ce qui permet de compléter les apports quotidiens.

Les aliments de cette famille ne complètent pas à eux seul les besoins calciques journaliers. Ce sont, entre autres, les légumes et les fruits, ainsi que l'eau consommés dans la journée, qui permettront d'atteindre les besoins quotidiens en calcium.

Le lait et les boissons végétales nature

Les différents laits

Que le lait soit de vache, de chèvre ou de brebis, qu'ils soient entiers, demis ou écrémés, leur teneur en calcium sera identique, soit 120 mg pour 100 ml.

Leur différence vient de leur teneur en lipides. Les laits entiers apporteront en moyenne 3,6 %, les demis 1,5 % et les écrémés 0 % de matières grasses.

Au plus un lait est riche en matières grasses, au plus il sera calorique. Il n'est pas nécessaire de les prendre à 0 %, car la différence entre le demi et l'écrémé n'est pas significative.

Les laits demi-écrémés restent le meilleur compromis avec un bon rapport entre les matières grasses apportées et leur taux de calcium.

Les laits fermentés nature

Le kéfir et le lait ribot sont des laits fermentés obtenus par ajout de certains ferments lactiques dans le lait. Cela leur donne une consistance crémeuse et les fait développer des goûts particuliers qui les rendront caractéristiques. On trouve des laits fermentés dans pratiquement tous les pays du monde, chacun a ses ferments et sa technique de fabrication.

La composition de ces laits fermentés sera proche de celle du lait utilisé. Ils contiendront tous du calcium.

Les différentes boissons végétales

Les boissons végétales nature sont fabriquées à partir de fruits oléagineux (amandes, noisettes, etc.), de céréales (épeautre, avoine, riz...) ou de légumineuses (soja), auxquels sont ajoutés, pour donner de la texture et du goût, des huiles végétales, du sel et des épaississants. Certaines sont enrichies en calcium par l'ajout d'une algue marine, *Lithothamnium calcareum*, qui est naturellement riche en calcium.

Ces boissons enrichies en calcium sont une bonne alternative d'apports calciques pour les personnes intolérantes au lactose ou aux protéines du lait, ou pour celles qui ne veulent plus consommer de laitages ou qui souhaitent varier davantage leur alimentation.

Restez cependant vigilant quant à leur composition : choisissez celles dont la liste des ingrédients est la plus courte (moins d'additifs et d'épaississants) et qui sont sans sucres ajoutés.

Concernant les boissons à base de fruits oléagineux, privilégiez celles qui en contiennent le plus (regardez son pourcentage dans la liste des ingrédients). Notez que, quelle que soit leur richesse en lipides, ces boissons restent relativement pauvres en matières grasses (on est proche des valeurs du lait demi-écrémé).

Attention cependant : le lait de coco, quant à lui, est riche en lipides et pauvre en calcium ; il fait partie de la famille des lipides.

Côté cuisine

Le lait et les boissons végétales pourront être bus tels quels ou être utilisés dans des recettes. Les boissons végétales offrent de multiples saveurs, qui permettront d'ajouter une touche d'originalité à vos préparations culinaires.

Les yaourts et autres produits laitiers nature

Les yaourts laitiers nature

Les yaourts laitiers nature sont fabriqués à partir de lait de vache, de brebis ou de chèvre, et d'un ferment lactique. Ils apportent en moyenne 120 mg de calcium et 4 % de protéines pour 100 g.

Le taux de matières grasses de ces yaourts dépend du lait utilisé. Ceux fabriqués avec des laits écrémés seront à 0 % ; ceux à base de lait entier de vache seront à 3 % ; ceux à base de lait entier de brebis ou de chèvre iront de 3 % à 6 %, voire plus.

Le fromage blanc, la faisselle, les petits suisses, le skyr et le yaourt grec nature

Le fromage blanc et la faisselle

Le fromage blanc et la faisselle sont fabriqués à partir de lait (vache, brebis ou chèvre) qui a été caillé à l'aide d'une présure, puis égoutté. Pour les petits suisses, le caillé est élaboré à partir de lait de vache seulement, dans lequel a été ajoutée de la crème.

Ils sont riches en protéines : de 7 à 10 %. Leur taux en matières grasses dépend du lait utilisé, comme pour les yaourts. Ainsi, les produits vont de 0 % jusqu'à 10 % de lipides pour les plus riches.

Le skyr

Le skyr est fabriqué exclusivement à base de lait de vache écrémé. Comme le yaourt, il subit une fermentation, mais il est ensuite filtré. On obtient ainsi une texture plus épaisse, qui ne contient pas de matières grasses et qui est riche en protéines (environ 10 %).

Le yaourt grec

Traditionnellement, l'authentique yaourt grec est réalisé à base de lait de brebis, contrairement aux produits nommés « yaourt à la grecque », qui sont à base de lait de vache et contiennent parfois de la crème. Ils proviennent tous d'une fermentation suivie d'une filtration. Ils sont riches en protéines et leur taux de matières grasses est très variable, en fonction du lait utilisé et de l'ajout ou pas de crème.

À savoir

Il existe une multitude d'autres produits laitiers n'ayant pas d'appellation particulière mais un nom donné par la marque. Leur apport en protéines peut varier sensiblement d'un produit à l'autre, ainsi que leur taux de lipides qui, en général, est supérieur à 8 % (leur taux de calcium n'est, quant à lui, pas toujours indiqué sur l'emballage). Il faut, dans tous les cas, consulter la liste des ingrédients et le tableau de leurs valeurs nutritionnelles pour savoir ce qu'apportent ces produits.

> *NB*
>
> L'apport en calcium de tous ces produits sera quasi identique à celui des yaourts laitiers, soit environ 120 mg pour 100 g.

- **Les yaourts végétaux nature**

Les yaourts végétaux sont fabriqués à partir de boisson au soja, d'amande ou de coco, voire d'un mélange de plusieurs boissons végétales. Ils sont obtenus soit par fermentation, comme les yaourts laitiers (c'est le cas des yaourts de soja), soit par l'ajout d'un épaississant qui leur donne une texture particulière.

Ils sont, pour certains, enrichis en calcium. Dans ce cas, le taux avoisine les 120 mg pour 100 g.

Leur apport en protéines est de 4 % en moyenne. Leur apport en lipides est compris entre 2 et 3 % en général.

Ces yaourts végétaux nature peuvent contenir plus ou moins d'additifs : lisez leur composition et choisissez ceux qui en contiennent le moins.

Ils sont une bonne alternative pour les personnes intolérantes au lactose ou aux protéines de lait, ou encore pour celles qui souhaitent arrêter les produits laitiers ou varier davantage leur alimentation.

Les laits, yaourts aromatisés et autres desserts élaborés

Tout d'abord, sachez que lorsque vous regardez la composition d'un lait ou d'un yaourt (ou de tout autre laitage), la partie « dont sucres » comptabilise le lactose (qui est le sucre simple naturel du lait) ainsi que tous les autres sucres qui ont été ajoutés dans le produit.

Prenons en exemple le yaourt nature : sachant qu'en moyenne il a un apport de 6 g de glucides sous forme de lactose, tout ce qui sera au-delà sera forcément du sucre ou un produit sucré (sirop de glucose, miel, chocolat…) qui aura été ajouté.

Vous risquez d'être surpris par la quantité de sucres ajoutés dans tous les types de yaourts aux fruits ou aromatisés, ainsi que dans les laits parfumés.

Les crèmes dessert, les viennois, les flans et autres produits élaborés à base de lait contiennent de nombreux épaississants, additifs, arômes... qui leur donnent le goût et la consistance désirés. Ils sont, dans la majorité des cas, plus riches en matières grasses qu'un yaourt, et n'apportent pas une quantité intéressante en calcium.

En ce qui concerne les desserts élaborés avec une base végétale, c'est un marché qui est en pleine expansion. Toutes les semaines, il arrive de nouveaux produits sur les étals. Il est difficile de les classer tant ils sont différents en ingrédients et en composition.

Conseils

Restez prudent et lisez toujours attentivement la composition des produits afin de comprendre réellement ce qu'ils contiennent.
Limitez la consommation de produits sucrés et privilégiez les produits nature, que vous pourrez sucrer vous-même. Il sera ainsi plus facile de mesurer la quantité de sucre consommée dans la journée.

Les fromages

Les fromages contiennent tous du calcium, mais leur taux est variable. Cela est dû à leur mode de fabrication. Ceux à base de pâte égouttée sont les plus pauvres en calcium, celui-ci étant resté en grande partie dans le petit lait. C'est le cas du fromage de chèvre frais, dont la teneur en calcium est de 100 mg pour 100 g. Ce sont les fromages à pâte pressée cuite, comme le gruyère, qui sont les plus riches en calcium, avec un taux allant de 1 000 à 1 200 mg pour 100 g.

À chaque fromage sa méthode de fabrication et d'affinage. Sachez que plus un fromage est frais, plus il contient d'eau ; et qu'à l'inverse, plus un fromage est affiné, moins il en contient. Ainsi, à poids égal, le fromage affiné sera plus riche en matières grasses, qui se seront concentrées.

Les fromages sont ici classés en fonction de leur taux de matières grasses : d'une part ceux inférieurs ou égaux à 15 %, et d'autre part ceux qui sont au-delà des 15 % de matières grasses.

Les fromages à moins de 15 % de matières grasses

Parmi les fromages qui sont naturellement à moins de 15 %, on compte les fromages frais, comme le chèvre frais, la brousse, la ricotta, le carré frais Gervais, le cottage cheese, et la cancoillotte.

Aujourd'hui, pratiquement tous les types de fromages, même les fromages affinés, existent aussi dans leur version volontairement allégée en matières grasses, comme le camembert ou le gruyère à 10-15 %. Il existe même des fromages à moins de 10 % (mais cela a-t-il encore du sens ?). Pour obtenir la consistance désirée mais sans les matières grasses, ces produits contiennent beaucoup d'additifs et d'épaississants. Bien sûr, s'ils vous plaisent, il n'y a aucun inconvénient, mais regardez la liste de leurs ingrédients pour savoir avec quels produits ils sont fabriqués.

Les fromages à plus de 15 % de matières grasses

Il s'agit de tous les types de fromages (hormis les fromages frais) :

- Les pâtes pressées cuites : emmental, comté, reblochon, cantal, mimolette, etc.
- Les pâtes pressées non cuites : saint-nectaire, tomme, gouda, morbier, etc.
- Les pâtes persillées : bleus, roquefort, etc.
- Les pâtes molles à croûte lavée : munster, livarot, maroilles, pont-l'évêque, etc.
- Les pâtes molles à croûte fleurie : camembert, brie, Caprice des dieux, etc.
- Les fromages de chèvre : picodon, brique de chèvre, bûche de chèvre, chabichou, etc.
- Les fromages fondus : Vache qui rit, crème de brie, etc.

Conseils

Même si certains fromages sont particulièrement riches en matières grasses, ils ne sont pas forcément à supprimer de son alimentation, sauf si intolérance ou si cela est souhaité, car les fromages sont riches en calcium et en protéines dont ils complètent les apports journaliers.
Mais attention toutefois à la quantité consommée. De façon exceptionnelle, on pourra cependant s'autoriser des écarts, telle une bonne raclette de temps en temps.

ÉQUIVALENCE ÉNERGÉTIQUE

DE QUELQUES PRODUITS RICHE EN CALCIUM

1 yaourt nature laitier ou végétal enrichi en calcium

1 **YAOURT DE BREBIS** ou de **CHÈVRE** à 0 %

1 **YAOURT AUX FRUITS** ou parfumé à 0 % de MG et sans sucres ajoutés

100 g de **FROMAGE BLANC** à 3 % sur le produit fini
120 g de **FROMAGE BLANC** à 0 % sur le produit fini

2 **PETITS SUISSES** à 3 % de MG sur le produit fini

120 g de **SKYR**

150 ml de **LAIT** 1/2 écrémé

200 ml de **BOISSON VÉGÉTALE** d'amande, soja, riz, épeautre, avoine, etc., sans sucre ajouté, enrichie en calcium

30 g de **FROMAGE** < 15 % de MG sur le produit fini (fromage de chèvre frais, brousse, cancoillotte, St Morêt allégé...)

1 **CARRÉ FRAIS GERVAIS** ou 2 carrés frais Gervais à 0 %

30 g de fromage à plus de 15 % de matières grasses

30 g de n'importe quel type de **FROMAGE**

2 **PETITS SUISSES** de 6 % à 9 % de MG sur le produit fini

1 **YAOURT DE BREBIS** ou de **CHÈVRE** entier à 6 %

100 g de **FROMAGE BLANC** à 6 % de MG sur le produit fini

La famille des sucres, sucreries, et alcools (glucides simples)

Les aliments de cette famille, qui comprend les sucres et tous ses dérivés, ainsi tous les autres produits sucrés et les alcools, ne sont pas indispensables à l'organisme, mais ils apportent de l'énergie et certains nutriments. Ils procurent par ailleurs du réconfort et du plaisir.

S'ils ne doivent donc pas être complètement bannis de notre alimentation, ils doivent être consommés de façon modérée et adaptée. Lorsque leur consommation est trop régulière ou trop abondante, cela a une incidence physiologique sur l'organisme, avec l'apparition de troubles : surpoids, diabète de type 2, augmentation des risques cardiovasculaires, hypertriglycéridémie, stéatose hépatique, cirrhose...

Il faut également être prudent vis-à-vis des sources alimentaires qui en apportent de façon cachée, comme les préparations industrielles.

Les sucres

Il existe une grande variété de sucres (complet, roux, raffiné...), qui se présentent sous des formes très différentes (en grains, en pierre, en poudre, à glacer...) et proviennent de végétaux divers (canne à sucre, betterave, coco). Ils apportent principalement des glucides simples. Notez bien que plus un sucre a été raffiné, moins il est riche en fibres et minéraux.

Il sera donc toujours plus intéressant, sur le plan nutritionnel, de consommer des sucres non raffinés plutôt que raffinés. Leur saveur sucrée étant par ailleurs plus prononcée que celle des sucres raffinés, vous pourrez alors en mettre moins dans vos recettes, pour une saveur sucrée identique.

LES SUCRES RAFFINÉS	LES SUCRES NON RAFFINÉS	LES AUTRES SUCRES NATURELS
Le sucre blanc de betterave	Le sucre de canne complet (rapadura, muscovado, etc.)	Le miel
Le sucre de canne brun, blond ou roux	Le sucre de fleur de coco	Le fructose (en poudre)
Vergeoise blonde ou brune		Le sirop d'érable
La cassonade		Le sirop d'agave

Les sucreries

Elles sont nombreuses et très variées. Nous aborderons ici celles qui sont le plus consommées.

Les confitures et les gelées

Élaborées à partir de fruits et de sucres ajoutés, les confitures et gelées présentent un taux de sucre total pouvant aller de 60 g pour 100 g pour une version standard, à seulement 38 g pour une version allégée (Notons que si, sur 100 g, cela semble significatif, ramené à 2 cuillerées à café par jour, la différence est faible. Si l'on reste sur des quantités modérées, autant donc privilégier sa confiture préférée plutôt qu'une version allégée).

Les chocolats

Un chocolat noir qui affiche 80 %, cela veut dire que ce chocolat contient 80 % de cacao et 20 % de sucre. Le chocolat au lait contiendra moins de cacao et plus de sucre. Sur le plan nutritionnel, plus un chocolat contient de cacao, plus il est intéressant car il contient davantage de nutriments (fer et autres minéraux, antioxydants, fibres).

Si on compare les apports caloriques des différents chocolats, on s'aperçoit qu'ils varient très peu. Choisissez donc celui qui vous convient le mieux : après tout, le chocolat est un aliment plaisir.

En ce qui concerne les pâtes à tartiner, leur liste d'ingrédients est très variable ; il faut donc systématiquement la regarder pour comprendre ce qu'elle contient réellement (huile de palme, pourcentage en cacao...). Ce sont des produits ultra-transformés, il faut être attentif à leur utilisation.

À savoir

L'OMS recommande de réduire les « sucres libres »* à moins de 10 % de l'apport énergétique total pour les adultes comme pour les enfants.
*Les « sucres libres » regroupent tous les sucres ajoutés (de façon industrielle ou dans des recettes faites maison) dans une préparation (plat, biscuit, gâteau, boisson...), y compris les sucres naturels (comme le miel et les jus de fruits).
Cela correspond à 50 g pour un adulte dont les besoins journaliers seraient de 2 000 Kcal.
Sous réserve de nouvelles données scientifiques, l'OMS recommande même aujourd'hui de réduire à 25 g par jour la quantité de « sucres libres » : cela pourrait aider à améliorer notablement la prévention des caries.

• Les bonbons

Du bonbon dur au bonbon gélifié, il y a du choix. Leurs teneurs en glucides varient de 50 g à 80 g pour 100 g. Attention, il est parfois difficile de se rendre compte que ces petites choses apportent autant de sucre, et on a vite fait de dépasser le taux recommandé, surtout si le paquet de bonbons reste à portée de main : prudence, donc.

• Les sirops

Les sirops sont fabriqués à partir de sucre, de glucose et d'arômes. Dans leur forme pure, ils contiennent environ 80 g de glucides pour 100 ml. Alors tout va dépendre de la quantité qui sera mise dans le verre. Un verre trop dosé pourra vite contenir plus de 20 g de sucre.

Les boissons alcoolisées et sucrées

Les apports énergétiques des boissons alcoolisées et sucrées sont plus ou moins élevés en fonction de leur composition. Comme ces boissons sont souvent associées à une ambiance festive et qu'elles n'apportent pas de satiété, il est assez facile d'en consommer en quantité : restez vigilant.

• Les boissons alcoolisées

Elles comprennent tous les vins, les champagnes, les bières, le cidre, le whisky, les apéritifs, les digestifs, les cocktails de fruits alcoolisés, etc.

Chaque alcool a son histoire, ses origines, son mode de fabrication, avec des degrés d'alcool différents, des teneurs en sucre variables. Leur consommation doit être faite avec modération : ces boissons sont très caloriques et, surtout, elles ont une incidence néfaste sur l'organisme, favorisant les cancers, les maladies cardiovasculaires et digestives, les maladies du système nerveux et les troubles psychiques.

Les dernières recommandations préconisent de limiter la consommation d'alcool à 2 verres maximum par jour, mais pas tous les jours.

Les boissons sucrées

Ces boissons regroupent les eaux aromatisées sucrées en bouteille, les boissons à base de fruits (nectars, cocktails), mais aussi tous les sodas et autres boissons industrielles. Sans oublier les boissons lyophilisées (boissons chaudes) qui sont souvent déjà sucrées.

Toutes ces boissons ont des teneurs très variables en sucre : lisez systématiquement la liste des ingrédients et leur composition.

Les dernières recommandations concernant ces boissons sucrées, ainsi que celles dites « light » ou « énergisantes », sont de les limiter le plus possible, et à un verre maximum par jour.

Conseils

Toute cette famille de produits sucrés et/ou alcoolisés doit être consommée en « pleine conscience », pour que cela « vaille la peine ». Cela sous-entend de prendre le temps d'apprécier, de savourer et de profiter pleinement du mets en question, de se délecter de chaque bouchée ou de chaque gorgée. Plus la satisfaction sera grande au moment de la consommation, plus vite la sensation d'envie sera comblée : il sera ainsi plus facile de limiter les quantités consommées.

ÉQUIVALENCES ÉNERGÉTIQUES
DE QUELQUES ALIMENTS SUCRÉS

5 g de sucre

- 1 morceau de sucre
- 1 bonbon dur ou gélifié
- 5 g (1 c. à c.) de sirop d'érable ou d'agave
- 10 g (2 c. à c.) de sirop de menthe, de citron...
- 5 g (1 c. à c.) de miel, confiture, gelée
- 5 g (1 c. à c.) de chocolat = 1 petit carreau

Boissons sucrées

1 soda de 33 cl	=	35 g de sucre (7 morceaux)
Eau aromatisée ou boisson à base de fruits	=	de 3 à 15 g de sucre (voire plus) pour 100 ml
Jus de fruits	=	de 10 g à 16 g

Desserts sucrés

1 yaourt aromatisé ou aux fruits industriel	=	10 à 15 g de sucre ajouté
1 crème dessert chocolatée	=	10 à 15 g de sucre ajouté
1 coupelle type clafoutis	=	15 à 20 g de sucre ajouté
100 g de compote de fruits	=	10 g de sucre ajouté (en moyenne)
100 g de compote de fruits allégée en sucre	=	3 à 5 g de sucre ajouté (en moyenne)

Les aides culinaires

Aromates, épices et condiments

Pour qu'un repas soit savoureux, il faut qu'il soit bien assaisonné. Par ailleurs, l'assaisonnement peut aider à diversifier son alimentation : un aliment qui n'est pas apprécié d'une certaine façon le sera peut-être assaisonné autrement.

Pour cela, il faut faire appel aux épices, aux condiments et aux herbes aromatiques. Ces aides culinaires n'ont pas d'impact calorique, vous pouvez les utiliser comme bon vous semble, pour le plus grand bonheur de vos papilles.

Voici une liste (non exhaustive) de ces précieuses aides culinaires :

- Ail
- Aneth
- Anis vert
- Badiane
- Basilic
- Bouillon de légumes déshydraté bio
- Bouillon de volaille déshydraté bio
- Camomille
- Cannelle
- Câpre
- Coriandre
- Cardamome verte
- Carvi
- Cerfeuil
- Chili (épice)
- Ciboulette
- Cinq-épices (mélange)
- Clou de girofle
- Citron jaune/vert
- Citronnelle
- Cornichon
- Cumin
- Curcuma
- Curry
- Eau de fleur d'oranger
- Échalote
- Estragon
- Fenouil
- Fenugrec
- Genièvre
- Gingembre
- Laurier-sauce
- Marjolaine
- Menthe
- Moutarde
- Noix de muscade
- Oignon

- Origan
- Oseille
- Paprika
- Pavot
- Persil
- Piment
- Poivre
- Réglisse
- Romarin
- Safran
- Sarriette
- Sauce soja
- Sauge
- Sel
- Tamarin
- Tabasco
- Thym
- Vanille
- Vinaigre balsamique
- Vinaigre de cidre
- Vinaigre de vin

Les édulcorants

Les édulcorants permettent de sucrer les préparations sans impact sur les apports caloriques journaliers. Attention cependant, leur utilisation doit se faire de façon modérée.

Il est plus judicieux de se faire plaisir avec un produit réellement sucré en connaissance de cause, plutôt que de « tricher » avec un produit décevant. Le cerveau aura eu une promesse par les papilles gustatives qu'il ne verra pas arriver au moment de l'absorption ; l'envie de sucre ne sera alors pas satisfaite et une demande supplémentaire pourra se faire sentir. Bien sûr, dans le contexte de certaines pathologies où l'arrêt total de sucre est recommandé, les édulcorants seront de bons palliatifs pour limiter la frustration due au manque de sucre.

On distingue différents types d'édulcorants : ceux qui sont naturellement extraits de plantes, comme les polyols (le sorbitol, le mannitol, le maltitol et le xylitol) ou la stévia ; et ceux qui sont des édulcorants de synthèse, comme l'aspartame ou le sucralose.

Conseil

Attention, ils ne s'utilisent pas tous de la même façon : certains ne supportant pas la chaleur, regardez bien les indications présentes sur leur étiquetage pour apprendre à les doser et savoir comment les utiliser.

Une journée équilibrée : mise en pratique du code couleur !

J'ai toujours aimé présenter l'équilibre alimentaire de façon ludique. Ainsi, j'ai créé une fleur multicolore, dont les pétales représentent les différents nutriments. Sans oublier l'eau, absolument nécessaire à la survie de l'organisme, ni les aides culinaires, qui participent au plaisir gustatif.

Ce schéma résume la répartition des différentes familles d'aliments sur la journée. Nous verrons plus en détail par la suite comment équilibrer les différents repas de la journée.

LES APPORTS JOURNALIERS
TOUT EN COULEUR

Fibres, vitamines et minéraux

Légumes crus ou cuits :
à volonté

Fruits crus ou cuits :
2 - 3 portions/jour

Lipides

Matières grasses ajoutées
Végétales ou animales : varier les sources et contrôler les quantités utilisées et consommées

Fruits oléagineux et graines :
1 petite poignée/jour

Glucides complexes

À chaque repas principal

Pain ou dérivés : en fonction des besoins

Féculents : en fonction des besoins

Calcium

2 à 3 par jour

Yaourt nature laitier ou végétal

Fromage
(1 portion max/jour)

Eau

Entre 1,5 et 2 l en fonction des besoins

Sucres ajoutés, sucreries et alcool

Non indispensable

Modérer et contrôler les quantités utilisées et consommées

Protéines

Variable en fonction des besoins

Viande
Rouge :
500g max/semaine
Charcuterie :
150g max/semaine

Poisson
Gras :
1 portion/semaine
Maigre :
1 portion/semaine

Volaille

Œufs

Légumineuses
2 fois/semaine

Alternatives végétales
Tofu, Tempeh, Seitan

Aide culinaire en fonction des goûts

Aromates et épices : à volonté

Édulcorants : modérer leur consommation

Le petit déjeuner

Après une nuit de sommeil, le corps doit se recharger en énergie. Il en a dépensé énormément durant la nuit, puisqu'il profite de ce moment d'accalmie pour construire de nouveaux tissus, voire en réparer certains. Ainsi, quand on dort, le corps fabrique de nouvelles fibres musculaires pour remplacer celles perdues dans la journée, et il en développe d'autres encore si besoin. Et tout cela en continuant de dépenser également beaucoup d'énergie pour ses fonctions vitales.

Il est donc important, après le jeûne de la nuit, de refaire le plein d'énergie : le petit déjeuner doit ainsi représenter 25 à 30 % environ des apports énergétiques de la journée.

Les petits déjeuners peuvent être très différents d'un jour sur l'autre. Les quantités de chaque famille d'aliments seront à adapter en fonction de la longueur de la matinée, des activités pratiquées et, bien sûr, de ses besoins énergétiques vitaux.

Il faudra tester différentes combinaisons et voir celles qui vous conviennent le mieux pour être en forme tout au long de la matinée et ne ressentir la faim qu'à l'heure du déjeuner. Lors de très longues matinées, il est parfois judicieux d'instaurer une collation entre les deux repas.

Comment équilibrer son petit déjeuner ?

Bien s'hydrater

Durant la nuit, le corps perd beaucoup d'eau – transpiration, réactions biochimiques, détoxification, drainage, etc. Il est donc très important, au lever, de commencer par s'hydrater.

L'eau sera toujours la principale source pour bien s'hydrater. Au petit déjeuner, elle peut être parfumée ou aromatisée, consommée froide ou chaude, selon les goûts ou les envies du moment : café, thé, infusion, chicorée, maté…

L'apport en glucides complexes

Ils sont indispensables à l'organisme dès le petit déjeuner, pour lui permettre de se recharger et d'avoir suffisamment d'énergie afin de tenir tout au long de la matinée.

Ils seront apportés par les produits céréaliers, tels que :

- le pain (ou ses dérivés), qu'il faudra préférer complet ou semi-complet.
- les flocons de céréales (avoine ou autres), ou bien les mueslis sans sucres ajoutés...
- Biscuits, crêpes, pancakes ou gâteaux préparés maison (voir les recettes de petits déjeuners p. 101).

Éviter les céréales spécial « petits déjeuners » ultra-transformées, très riches en sucres ajoutés : elles ne vous caleront pas suffisamment (ou, pour tenir toute la matinée, il faudrait en consommer en grande quantité ; cela augmenterait considérablement l'apport en sucres rapides de la journée). Il en va de même pour les biscuits, les gâteaux et autres dérivés industriels.

L'apport en fibres, vitamines et minéraux

Il est important de démarrer la journée avec un bon apport en vitamines et minéraux, notamment en vitamine C (le corps étant incapable de la stocker).

Privilégiez les fruits frais de saison entiers, pour profiter pleinement de leurs apports nutritionnels.

Évitez les jus de fruits industriels, préférez-leur un jus de fruit pressé maison, mais de façon occasionnelle.

Il est possible de consommer le fruit plus tard dans la matinée, si cela vous convient mieux.

L'apport en calcium

Une des 2 à 3 portions de calcium recommandées sur la journée peut être consommée à l'occasion du petit déjeuner. Sous forme de lait ou de boisson végétale enrichie en calcium, de yaourt laitier ou végétal enrichi en calcium, de fromage blanc, de petits suisses, ou pourquoi pas de fromage, pour un petit déjeuner salé.

L'apport en lipides

Ils compléteront l'apport en énergie des glucides et assureront un bon apport en acides gras.

Privilégiez les fruits oléagineux (noix, noisettes, amandes...) à croquer, ou sous forme de purée à étaler sur les tartines de pain. Cela peut aussi être apporté par une portion d'avocat.

Ils peuvent également être apportés par du beurre, mais il faudra en limiter la consommation sur la journée.

L'apport en protéines

L'apport en protéines se fera lors du petit déjeuner par ceux qui ont bon appétit le matin ou qui préfèrent les petits déjeuners salés. Il sera apporté par une portion de jambon, de viande des Grisons, de bacon, par de la truite ou du saumon fumé, ou encore des œufs, par exemple.

Il faudra dans ce cas adapter les quantités consommées lors des autres repas de la journée, en réduisant la portion de protéines du midi ou du soir pour compenser.

L'apport sucré

Il n'est pas indispensable. En fonction de l'envie et du plaisir recherché, une touche de confiture, de chocolat, de miel pourra être utilisée.

La quantité consommée sera décomptée de l'apport sucré de la journée.

Cas particulier

Comment faire quand on n'a pas faim au lever ?

Certains ne ressentent absolument pas la sensation de la faim au lever. Ce n'est pas du tout un problème, il ne faut pas se forcer et s'obliger à prendre un petit déjeuner.

Dans ce cas, il faut reporter les apports nutritionnels du petit déjeuner sur un autre moment de la journée : soit plus tard dans la matinée, quand l'envie de manger se fera sentir, soit sous forme de collation dans l'après-midi. Si aucune de ces possibilités ne vous convient, il faudra tout simplement répartir ces apports entre le déjeuner et le dîner. Si ces apports ne sont pas reportés, il y a de grandes chances que le corps cherche à récupérer cette énergie manquante, ce qui se traduira par des pulsions et des envies de grignotages qui pourraient être très mal vécues, et ressenties comme un manque de motivation. Restez vigilant : rester à l'écoute de soi et de ses envies, c'est très bien, mais attention, il faut subvenir correctement à ses besoins, au risque de réduire drastiquement ses apports et mettre ainsi sa santé en danger.

Comment faire si, deux heures après le petit déjeuner, on a déjà faim ?

Certaines personnes ressentent parfois une sensation désagréable de faim brutale, pouvant aller jusqu'au malaise, dans les deux heures qui suivent la prise d'un petit déjeuner pourtant copieux. Il peut s'agir d'hypoglycémies réactionnelles – cela arrive après la prise d'un petit déjeuner sucré, à base par exemple de tartines de confiture, de viennoiseries, de céréales « petit déjeuner » contenant du sucre. Au moment de la digestion, le sucre, vite absorbé, arrive dans la circulation sanguine, faisant monter le taux de sucre sanguin (glycémie). Le pancréas va alors libérer de l'insuline (hormone qui facilite l'entrée du sucre dans les cellules) pour faire diminuer la glycémie et la faire revenir à un niveau normal. Cependant, lors d'une hypoglycémie réactionnelle, la chute du taux de sucre se fait de façon trop importante. La glycémie est alors trop basse (hypoglycémie) : pour la faire remonter, le corps va donc réclamer une nouvelle dose d'énergie, d'où la sensation de faim soudaine et très importante deux heures après le petit déjeuner.

Si vous êtes sujet à ce type d'hypoglycémie, vous devez absolument stopper les petits déjeuners sucrés et leur préférer des petits déjeuners salés, riches en fibres et en protéines.

Et pourquoi pas un brunch ?

C'est le week-end et vous avez fait la grasse matinée, ou avez envie de faire un petit déjeuner copieux ? Rien de plus facile : il suffit d'additionner vos apports du petit déjeuner et du déjeuner, et de garder un petit en-cas pour l'après-midi.

PETIT DÉJEUNER
SUCRÉ

Apport calcique

(facultatif si réparti à un autre moment)

1 yaourt nature
laitier ou végétal

ou équivalent : fromage blanc, petits suisses… lait ou boisson végétale…

Apports en lipides

Contrôler les quantités en fonction des besoins

Matières grasses végétales : graine et fruits oléagineux, purée d'oléagineux, margarine, avocat…

Matières grasses animales : beurre…

Hydratation

Eau

Ou **boisson au choix :** café, thé, tisane, infusion…

Apports en glucides complexes

En fonction des besoins

Pain et dérivés : pain au levain ou autres, pain grillé, biscottes…

Céréales ou équivalents : muesli sans sucres, flocons d'avoine ou autres, biscuits maison, pain au lait maison, pancakes, gâteau au yaourt maison…

Apports en sucres ajoutés

Non indispensable
Quantité à modérer

2 c. à c. de sucre, miel, confiture, sirop d'érable…

Apports en fibres, vitamines et minéraux

1 portion de fruit

Privilégier les fruits frais

Occasionnellement :
jus de fruit maison ou compote sans sucres ajoutés

PETIT DÉJEUNER
SALÉ

Apport calcique

(facultatif si réparti à un autre moment)

1 yaourt nature
laitier ou végétal
ou autre équivalent

Ou **1 portion de fromage**
de tout type pâte dure,
fromage frais à tartiner…

Hydratation

Eau

Ou **boisson au choix :**
café, thé, tisane, infusion…

Apports en lipides

Contrôler les quantités en fonction des besoins

Matières grasses végétales :
graine et fruits oléagineux,
purée d'oléagineux,
margarine, avocat…

Matières grasses animales : beurre…

Apports en glucides complexes

En fonction des besoins

Pain et dérivés :
pain au levain ou autres,
pain grillé, biscottes…

Apports en protéines

En fonction des besoins

Viandes (jambon, bacon, viande des Grisons, volaille)

Poissons (truite ou saumon fumé…)

Œufs (brouillés, coques, omelette…)

Ou **protéines végétales :**
légumineuses (houmous)

Apports en fibres, vitamines et minéraux

1 portion de fruit

Privilégier les fruits frais

Occasionnellement : jus de fruit maison
ou compote sans sucres ajoutés

Exemples de petits déjeuners « clés en main »

LE CLASSIQUE SUCRÉ

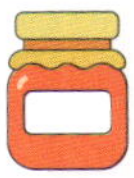

Tartines de pain au choix
Beurre ou margarine
et confiture
Lait ou boisson végétale
1 fruit de saison
Boisson au choix

SANDWICH AU FROMAGE

Tartines de pain au choix
et fromage à tartiner ou en portion
1 poignée d'amandes
(ou autres fruits oléagineux)
1 fruit de saison
Boisson au choix

POUR FAIRE TREMPETTE

Tartines de pain au choix
Beurre ou margarine
Bacon et œuf à la coque
1 fruit de saison
Boisson au choix

LE SMOOTHIE COMPLET (p.102)

Flocons d'avoine ou autres
Lait ou boisson végétale
1 poignée de graines
ou de fruits oléagineux
1 fruit de saison

LE CRAQUANT

Biscuits « petit déjeuner » (p. 104)
Yaourt ou équivalent
1 fruit de saison

« TOUT DANS UN BOL »

1 bol de fromage blanc
Muesli sans sucre (p. 101)
1 fruit de saison
Boisson au choix

SANDWICH AU JAMBON

Tartines de pain aux céréales (p. 109)
Beurre ou margarine
Jambon en tranche
(ou autres charcuteries maigre
ou volaille en tranche)
1 fruit de saison
Boisson au choix

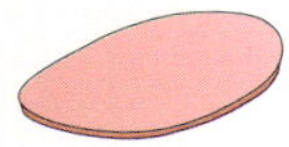

LE GOURMAND

Pancakes (p. 105)
Purée d'oléagineux
1 yaourt ou équivalent
1 fruit de saison
Boisson au choix

LE MOELLEUX

1 portion de gâteau aux pommes (p. 115)
1 yaourt ou équivalent
Boisson au choix

LE PRÉPARÉ DE LA VEILLE

Overnight (p. 103)
(flocons + lait ou boisson végétale)
1 fruit de saison

Le déjeuner et le dîner

Les deux repas principaux, le déjeuner et le dîner, doivent fournir à l'organisme tous les nutriments et toute l'énergie nécessaires pour tenir jusqu'au repas suivant sans avoir recours au grignotage. Ils doivent chacun apporter environ 30 à 40 % des besoins énergétiques de la journée.

Que ce repas soit pris sur le lieu de travail ou à la maison, avec des collègues, en famille ou seul, qu'il soit fait maison ou acheté (boulangerie, fast-food…), dégusté à la cantine ou au restaurant, il sera toujours important de prendre le temps de se poser et de s'accorder suffisamment de temps pour l'apprécier.

Le temps qui y est consacré permet de faire une vraie coupure. On peut en profiter pour se détendre, relâcher les tensions et le stress. Au travail, on évite de parler boulot ; à la maison, chacun pourra raconter les anecdotes de sa journée.

Au-delà de l'apport énergétique qu'il doit apporter, le repas doit également satisfaire les envies. Pour cela, il est important de prendre conscience de ce que l'on mange, de manger lentement en mastiquant bien, pour libérer les saveurs. Il faut être attentif à chaque bouchée : couleur, aspect, odeur, goût et texture vont fournir des informations au cerveau et procurer des émotions, qui vont combler l'envie de manger. On se sent alors « rassasié » autant physiquement qu'émotionnellement : à la fin du repas, la faim a disparu, elle ne reviendra qu'à l'heure du repas suivant.

Un repas pris sur le pouce, à la va-vite, ne procurera pas suffisamment de satisfaction : il générera alors très rapidement une sensation de faim qui pourra survenir de façon brutale et conduire au grignotage.

Comment équilibrer son déjeuner et son dîner ?

L'apport en glucides complexes

Aussi bien au repas de midi qu'à celui du soir, la présence de glucides complexes est indispensable. Comme nous l'avons vu, les glucides complexes doivent être la principale source d'énergie. L'idéal, c'est de répartir cette énergie tout au long de la journée.

Au déjeuner, les apports en glucides complexes vont permettre de refaire le plein pour subvenir aux besoins de l'organisme jusqu'à la fin de la journée.

Au dîner, ils vont permettre d'accompagner le corps sur la longue période de jeûne de la nuit.

Les glucides complexes des repas seront apportés par les féculents, ou alors par le pain ou un dérivé. On pourra aussi avoir à la fois, au cours d'un même repas, des féculents et du pain. L'essentiel sera que ces apports comblent les besoins en glucides complexes.

L'apport en protéines

Au cours du déjeuner et du dîner, les protéines apportées seront soit d'origine animale, soit d'origine végétale. Il est important que l'apport soit suffisant pour combler les besoins de l'organisme et procure suffisamment de satiété pour éliminer la sensation de faim entre les repas.

Si on répartit habituellement les apports en protéines entre le déjeuner et le dîner, certains préféreront en prendre une partie dès le petit déjeuner, ou lors d'une collation, par exemple. À vous de trouver celle qui vous conviendra le mieux – sachant qu'il vous est tout à fait possible de changer la répartition d'un jour sur l'autre.

On pensera aussi à varier les différentes catégories de protéines animales, afin qu'il y ait un équilibre dans la semaine entre les aliments contenant le plus de matières grasses et ceux ayant les apports les plus faibles – tout en respectant les recommandations concernant les viandes rouges, les charcuteries, les poissons et les œufs (voir la famille des protéines p. 23).

Veillez enfin à varier votre alimentation par un apport en protéines végétales, au minimum deux fois par semaine.

L'apport en lipides

Ce sont les matières grasses, végétales ou animales, que vous utilisez pour confectionner les plats ou les assaisonner.

Soyez attentif à la quantité : n'en mettez pas trop. Théoriquement, même si un membre de la famille suit un régime amaigrissant, si on met juste ce qu'il faut de lipides, cette personne pourra partager les mêmes plats que les autres membres de la famille, il ne sera pas nécessaire de faire une cuisine à part pour elle ou lui.

Mesurer les apports en lipides à l'aide d'une cuillère est une bonne habitude à prendre, plutôt que de vider directement la bouteille dans le plat, par exemple. Il faut également veiller à adapter ses ustensiles de cuisson à la recette qui va être cuisinée. Par exemple, si, pour faire cuire un steak, on prend une très grande poêle, on aura tendance à utiliser une quantité de matières grasses bien plus importante qu'avec une petite poêle.

Ainsi, retenez bien que la valeur énergétique d'un plat peut vite s'envoler à cause de l'apport en lipides, sans que l'on s'en rende compte : s'il faut bien des matières grasses pour cuisiner, il faut rester attentif à la quantité.

Les apports en fibres, vitamines et minéraux

Les apports en fibres, vitamines et minéraux vont être assurés en grande partie par les légumes, qui peuvent être consommés à volonté. Il est tout à fait possible de consommer plusieurs légumes différents lors d'un même repas. Ils peuvent même se présenter sous différentes formes : en crudités, cuits seuls ou accommodés dans un plat. Il est très important d'en avoir à chaque repas, car ils contribuent au volume de celui-ci. S'ils sont absents, on aura tendance à compenser le volume manquant par une autre famille d'aliments, augmentant ainsi l'apport énergétique du repas.

Les fruits compléteront ces apports en fibres, vitamines et minéraux. Ils pourront être pris en entrée, en dessert, à chaque repas, ou bien être répartis différemment au cours de la journée.

L'apport en calcium

Pour un adulte, on recommande une consommation de deux produits laitiers ou équivalents par jour.

Ils pourront être pris, par exemple, sous forme d'une portion de fromage maximum et d'un yaourt ou équivalent (voir la famille calcique p. 45), répartis sur la journée. Le fromage pourra être dégusté en fin de repas, ou dans une préparation, ou encore râpé sur des pâtes, par exemple ; tandis que le yaourt ou équivalent pourra être consommé en dessert ou dans une préparation. La portion de fromage peut être remplacée par un yaourt ou un équivalent.

La répartition sur les repas de ces deux produits laitiers ou équivalents se fera en fonction de l'envie de chacun.

L'apport sucré ou autre

Il n'est pas obligatoire. Il fait partie des petits plaisirs qu'il faut s'accorder. Il faudra toutefois consommer les sucres simples avec modération, en respectant les recommandations.

Attention aussi aux sucres qui sont parfois « cachés » dans les préparations industrielles, les desserts lactés ou végétaux : il faut en tenir compte lorsque vous évaluez l'apport calorique journalier. En ce qui concerne les boissons alcoolisées et/ou sucrées leur consommation doit être occasionnelle et il faut respecter les recommandations.

L'eau à table

L'eau, qui doit être consommée tout au long de la journée, peut aussi l'être lors des repas. Attention toutefois de ne pas être dans l'excès. Boire un trop grand volume d'eau lors des repas peut entraîner des troubles de la digestion – une digestion ralentie ou, pour certaines personnes, des risques de remontées acides. Restez à l'écoute de votre corps et adaptez le volume d'eau à votre repas.

Cas particuliers

Comment conserver l'équilibre dans l'assiette au restaurant ?

Sauf si c'est tous les jours, lorsque l'on va au restaurant – une fois de temps en temps –, il serait dommage de se priver en se contentant d'une simple salade sans sauce, et de regarder les autres se régaler. Mais alors, comment faire pour conserver l'équilibre ?

Je vous conseille de lire la carte du menu dans sa totalité et de vous poser la question suivante : « Qu'est-ce qui me fait le plus envie ? » Ce sera peut-être un plat que vous ne cuisinez jamais, une spécialité que vous ne connaissez pas, un mets que vous n'avez pas mangé depuis longtemps… L'essentiel, c'est de choisir celui qui vous fait envie ! Ne commandez pas votre dessert tout de suite, en revanche : attendez d'avoir fini votre plat pour voir si vous avez encore de la place pour le dessert.

Si votre préférence se porte davantage sur les desserts que sur les plats salés, avisez-vous qu'ils sont bien réalisés sur place (afin de ne pas être déçu à la fin du repas par un dessert industriel sorti tout droit du congélateur). Et en plat salé, prenez celui qui vous laissera suffisamment de place pour apprécier votre dessert.

Et si l'on va au restaurant ou à la cantine tous les jours ?

Si vous devez prendre très souvent vos repas au restaurant, veillez à ce que l'équilibre nutritionnel soit respecté – les apports y sont fréquemment déséquilibrés, en faveur des matières grasses et en défaveur des légumes et des fruits, qui sont trop peu présents. À vous d'être attentif au choix de vos plats et de vos desserts, pour limiter les excès en matières grasses, favoriser les légumes en accompagnement et les fruits en dessert.

En ce qui concerne la restauration collective, elle peut se présenter sous deux formes : s'il s'agit d'un self avec de multiples choix, il est très facile d'équilibrer ses repas ; s'il s'agit en revanche d'une cantine avec menu fixe, cela implique d'anticiper en regardant le menu la veille – vous pouvez ainsi facilement compléter votre repas ou échanger un aliment qui pourrait ne pas convenir à votre équilibre contre un autre, que vous aurez apporté de chez vous.

Comment faire lorsqu'on est invité à dîner ?

Si vous êtes invité, évitez d'emporter une boîte hermétique contenant votre repas ! Bien sûr, en cas d'allergie, ou dans le cadre d'un régime alimentaire spécifique lié à un trouble métabolique pour lequel vous ne pouvez pas faire autrement, c'est compréhensible et normal. Sinon, afin de faire honneur à vos hôtes en goûtant les mets qu'ils auront confectionnés pour vous, renseignez-vous la veille ou dès votre arrivée sur la composition du menu : vous pourrez ainsi prendre du recul et voir quels plats auront votre priorité ; vous pourrez dire à vos hôtes que vous prendrez peu de tel plat pour laisser davantage de place à tel autre (en leur expliquant que si vous prenez de tout, vous n'arriverez peut-être pas jusqu'au bout).

L'idée n'est pas de vous priver d'un plat qui vous semblerait plus riche, mais au contraire de vous faire plaisir et d'arriver à la fin du repas sans lourdeur au niveau de l'estomac, qui génèrerait de la culpabilité et qui vous pousserait la fois suivante à vouloir amener votre repas.

Quoi qu'il en soit, sachez profiter des bons petits plats préparés par vos hôtes (tout en respectant, autant que possible, votre estomac), prendre le temps d'en apprécier chaque bouchée. Et surtout, ne vous inquiétez pas, car votre corps vous aidera dès le lendemain à réguler les excès : vous aurez moins faim, et il vous suffira d'adapter vos repas suivants en écoutant votre appétit.

Comment composer son assiette au déjeuner et au dîner

Pour vous aider à composer des assiettes de déjeuner ou de dîner équilibrées, vous trouverez à la suite deux exemples de répartitions différentes, en images. Choisissez celle qui vous convient le mieux, en fonction de ce que vous recherchez : soit stabiliser votre poids, soit perdre du poids.

Aucune quantité précise n'est indiquée, car chaque personne est unique et a ses propres besoins énergétiques ; mais pas d'inquiétude, il n'est pas nécessaire d'avoir des quantités pour y arriver.

Au départ, les assiettes en images vont vous servir de repère pour apprendre à manger équilibré en respectant les proportions des différentes familles d'aliments. De votre côté, vous devrez rester à l'écoute de votre corps : il saura vous dire quand il en aura eu trop ou pas assez. Au fil du temps, vous vous rendrez compte que vous serez tout à fait capable, une fois à table, de vous servir spontanément des quantités dont vous aurez besoin.

Faites-vous confiance !

ASSIETTE POUR STABILISER
SON POIDS

Apports calciques

(facultatif si réparti à un autre moment)

1 yaourt nature ou équivalent

ou **1 portion de fromage**

Apports en sucres ajoutés, sucreries et alcool

Non indispensable
Quantité à modérer

2 c. à c. de sucre ou équivalent maximum

Apports en protéines

⅓ de l'assiette

Protéines animales : viandes, poissons, œufs, volailles

Ou **protéines végétales :** légumineuses, tofu, tempeh, seitan…

Apports en fibres, vitamines et minéraux

⅓ de l'assiette

Un ou plusieurs légumes crus ou cuits

1 portion de fruit (facultatif si réparti à un autre moment)

Apports en glucides complexes

⅓ de l'assiette

Féculents : pâtes, riz, semoule, pommes de terre, patates douces, légumineuses…

Et/ou pain et dérivés : pain au levain ou autres, pain grillé, biscottes…

Apports en lipides

Contrôler les quantités en fonction des besoins, de 10 à 20g (2 à 4 c. à c.)

Matières grasses végétales : huile, graines et fruits oléagineux, crème végétale…

Matières grasses animales : beurre, crème fraîche…

Aide culinaire

En fonction des recettes

Comment rétablir son assiette pour stabiliser son poids ?

Pour maintenir votre poids, vous devez faire en sorte que l'énergie que vous fournissez à votre corps sous forme d'aliments dans la journée corresponde à l'énergie qu'il va dépenser au cours de cette même journée.
Les repas du déjeuner et du dîner devront donc être à la fois suffisamment copieux pour apporter l'énergie nécessaire à votre corps, mais sans trop d'excès pour éviter le stockage. Pour cela je vous suggère de répartir l'apport en protéines, glucides et légumes de façon équivalente, comme présenté ci-dessus.

ASSIETTE POUR FACILITER
LA PERTE DE POIDS

Apports calciques

(facultatif si réparti à un autre moment)

1 yaourt nature ou équivalent ou **1 portion de fromage**

Apports en sucres ajoutés, sucreries et alcool

Non indispensable

Quantité à modérer

1 à 2 c. à c. de sucre ou équivalent maximum

Apports en protéines

¼ de l'assiette

Protéines animales : viandes, poissons, œufs, volailles

Ou **protéines végétales :** légumineuses, tofu, tempeh, seitan…

Apports en lipides

10 à 15g (2 à 3 c. à c.)

Matières grasses végétales : huile, graines et fruits oléagineux, crème végétale…

Matières grasses animales : beurre, crème fraîche…

Apports en glucides complexes

¼ de l'assiette

Féculents : pâtes, riz, semoule, pommes de terre, patates douces, légumineuses…

Et/ou pain et dérivés : pain au levain ou autres, pain grillé, biscottes…

Apports en fibres, vitamines et minéraux

½ de l'assiette

Un ou plusieurs légumes crus ou cuits

1 portion de fruit (facultatif si réparti à un autre moment)

Aide culinaire

En fonction des recettes

Comment rétablir son assiette pour faciliter la perte de poids ?

Pour perdre du poids, il faut fournir au corps moins d'énergie que ce qu'il va dépenser dans la journée. Ainsi, le déficit obtenu poussera le corps à puiser dans ses réserves. Mais attention, il faut rester prudent : il n'est pas nécessaire de réduire drastiquement ses apports en énergie, cela aurait pour conséquence de fragiliser l'organisme, qui, par la suite cherchera forcément à récupérer ce qu'il aura perdu. C'est le cercle vicieux des régimes « yoyos ». Pour une perte de poids durable, il vaut mieux réduire légèrement ses apports en énergie en gardant une alimentation équilibrée. Pour vous y aider, je vous suggère d'augmenter lors de vos déjeuners et de vos dîners la portion de légumes : elle doit correspondre à la moitié de votre assiette ; puis vous compléterez un quart d'assiette avec la portion de protéines, et le quart restant contiendra l'apport en glucides, comme ci-dessus.

Les collations

Goûter ou faire une petite collation entre les repas est tout à fait possible. Ce n'est pas réservé aux enfants. Cela peut être une bonne façon d'accompagner son corps tout au long de la journée, pour arriver le soir sans être complètement affamé.

Pour que cela ne soit pas considéré comme des grignotages et donc des apports alimentaires supérieurs à vos besoins, il faudra jouer sur la répartition des différentes familles d'aliments tout au long de la journée, en gardant par exemple vos desserts (produit laitier ou équivalent, ou fruit) pour ces collations en dehors des repas principaux. Pour ceux qui ont des besoins importants, il sera plus facile de créer une collation complète, sans supprimer d'aliments des repas principaux.

Ainsi, les goûters et les collations peuvent être plus ou moins copieux et plus ou moins équilibrés, en fonction de la répartition des différentes familles. L'essentiel est de trouver ce qui vous correspondra le mieux.

Comment équilibrer ses collations ?

Bien s'hydrater

Il est toujours intéressant d'ajouter à sa collation ou à son goûter une boisson : cela permet d'en augmenter le volume tout en contribuant à l'hydratation. Les infusions et les tisanes s'y prêtent très bien – chaudes en hiver, froides en été. Choisissez-les très parfumées, vous n'aurez ainsi pas besoin de les sucrer.

Vous pouvez aussi vous désaltérer d'une eau aromatisée maison (voir les recettes p. 118), ou simplement d'un verre d'eau.

Le café et le thé pourront être consommés, mais attention aux prises en fin d'après-midi, qui pourraient avoir des répercussions sur le sommeil.

L'apport en glucides complexes

On peut apporter à sa collation des glucides complexes sous différentes formes – tout dépendra de l'envie, du temps, des besoins et des conditions de ce moment de pause.

Ce peut être simplement du pain ou un dérivé, pour faire des tartines, ou un sandwich. Des céréales type muesli ou flocons sans sucres ajoutés. Ou encore un gâteau ou des biscuits maison.

Notez bien que, si on n'en ressent pas le besoin, le goûter ou la collation peuvent ne contenir aucun apport en glucides complexes.

L'apport en fibres, vitamines et minéraux

Les fibres, vitamines et minéraux de la collation sont habituellement apportés par les fruits (mais il est tout à fait possible de manger un légume au goûter). Il faudra privilégier le fruit frais entier : on prendra le temps de le mâcher, afin de se sentir rassasié. On évitera les jus de fruits et on ne consommera les compotes que de façon occasionnelle.

L'apport en calcium

Il est tout à fait possible de réserver un produit laitier ou un équivalent végétal pour une collation ou pour le goûter.

Cela peut très bien être une portion de fromage, un yaourt laitier ou végétal, du lait ou une boisson végétale.

L'apport en lipides

L'apport en lipides – qui n'est pas obligatoire au moment de la collation – peut être fait sous la forme d'un peu de beurre ou d'une purée d'oléagineux sur une tartine de pain. Ou encore sous la forme de fruits oléagineux – une poignée d'amandes ou de noix, par exemple.

L'apport en protéines

Pour un goûter ou une collation plus complète, on pourra ajouter une portion de protéines : du jambon ou une tranche de blanc de poulet ou de dinde ; ou, pourquoi pas, de l'œuf, sous n'importe quelle forme. Si vous avez une préférence pour le poisson, la tranche de truite ou de saumon fumé sera pratique, ou bien du hareng ou de la sardine au bouillon. Cet apport en protéines devra être décompté de la ration de la journée.

L'apport sucré

L'apport en sucres simples n'est pas obligatoire, mais peut représenter pour vous la petite touche de plaisir qui fait le plus grand bien. Cela peut très bien être du chocolat, ou pourquoi pas de la confiture ou du miel. Cet apport peut être différent d'un jour sur l'autre, l'essentiel étant que vous preniez le temps de l'apprécier et de le savourer en pleine conscience, afin d'en limiter la quantité consommée.

Cas particulier

Quand prendre une collation quand on fait du sport ?

Si vous pratiquez une activité physique (running, zumba, musculation, Pilates, tennis, natation...), vous avez peut-être besoin d'avoir recours à une petite collation. Attention, il faut la prendre 1 h 30 avant l'effort, pour ne pas se retrouver en pleine digestion durant l'activité. Cette collation vous apporte l'énergie nécessaire pour démarrer votre effort dans de bonnes conditions, et vous permet d'aller jusqu'au bout de votre activité sans ressentir de manque.

Comment éviter les grignotages ?

Essayez dans un premier temps de comprendre la raison qui vous pousse au grignotage, afin éventuellement de parvenir à l'éviter. Lorsqu'une envie subite vous vient et que vous êtes attiré par vos placards ou votre frigo, arrêtez-vous un instant et posez-vous les questions suivantes :

Ai-je suffisamment mangé à midi ? Si ce n'est pas le cas, il est normal que vous ayez faim.

Ai-je systématiquement le besoin de manger le soir, en rentrant chez moi, ou cela me prend-il chaque fois que je m'installe confortablement dans mon canapé ? Si cela est de l'ordre de l'habitude, il est possible de casser les rituels : le soir, en rentrant, pourquoi ne pas éviter de passer par la cuisine pour aller vous détendre dans un bain, par exemple ? Ou, s'il est déjà tard, pourquoi ne pas dîner directement ? Pour ceux qui veulent faire durer le plaisir, pourquoi ne pas garder le dessert du dîner pour le consommer plus tard, sur le canapé ?

- Est-ce plutôt une envie occasionnelle, due à une émotion (tristesse, angoisse, colère, stress) ? Dans ce cas, ne vous jetez pas sur le premier paquet de biscuits venu ; demandez-vous ce qui vous ferait le plus plaisir, ce qui vous ferait le plus de bien. Vous n'avez peut-être pas votre dessert favori à disposition, et devez peut-être vous rendre chez votre pâtissier préféré pour l'acheter ? Dans ce cas, faites-le, puis dégustez cette pâtisserie dans les meilleures conditions possibles, chez vous, installé confortablement. Vous ajouterez une boisson – infusion ou tisane, par exemple –, pour faire durer ce moment de plaisir. Cela vous procurera beaucoup de satisfaction et la bienveillance que vous aurez eue avec vous-même sera une source de réconfort ; la culpabilité n'aura pas sa place, vous serez réellement apaisé.
- Cela se produit-il très souvent, sans vous procurer de réconfort ? Si vous n'arrivez pas à trouver de réconfort, que vous vous sentez mal vis-à-vis de ces grignotages multiples, ne restez pas seul. Trouvez de l'aide auprès d'un professionnel de santé – votre médecin, un psychologue et/ou un diététicien.

Exemples de collations

L'ULTRA RAPIDE

1 petite poignée de fruits oléagineux
(amandes, noix, noisettes...)
1 yaourt ou équivalent
Boisson au choix

LA RAPIDE

1 petite poignée de fruits oléagineux
(amandes, noix, noisettes...)
1 fruit de saison
Boisson au choix

SANDWICH AU FROMAGE

Tartines de pain au choix
et fromage à tartiner ou en portion
1 fruit de saison
Boisson au choix

SANDWICH AU CHOCOLAT

Pain au lait (p. 108)
1 barre de chocolat
Boisson au choix

DANS LA POCHE

Barre de céréales
Avec ou sans 1 fruit de saison
Boisson au choix

LA CLASSIQUE

1 yaourt ou équivalent
1 fruit de saison
Boisson au choix

LE SMOOTHIE COMPLET (p. 102)

Flocons d'avoine ou autres
Lait ou boisson végétale
1 poignée de graines
ou de fruits oléagineux
1 fruit de saison
Mixer ensemble

LE MOELLEUX

1 portion de gâteau marbré (p. 115)
1 yaourt ou équivalent
Boisson au choix

Les lunch box

Si vous souhaitez préparer un repas à emporter dans une boîte (ou « lunch box »), une salade variée pourra être une bonne option pour une pause déjeuner réussie. Pour se mettre en appétit rien qu'en ouvrant le couvercle, mais aussi pour faire le plein de vitamines, minéraux et nutriments, on y mettra un maximum de couleurs.

Exemples de lunch box

LA MÉDITERRANÉENNE

Tagliatelles de courgettes
et lamelles de poivrons rouges
Feta
Blanc de poulet effiloché
Pâtes
Sauce vinaigrette provençale (p. 87)

LA PAYSANNE

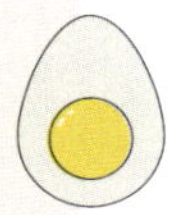

Haricots verts et tomates
Mozzarella
Œufs durs
Pommes de terre vapeur
Sauce vinaigrette classique (p. 84)

LA VEGGIE

Carottes râpées,
salade verte et betterave
Edamame
Quinoa
Sauce vinaigrette orientale (p. 86)

LA FRUITÉE

Semoule de chou-fleur
et suprême d'orange
Magret de canard
Pois chiches
Sauce vinaigrette au vinaigre de cidre

DE LA MER

Champignons
Carottes râpées
Sauce yaourt à l'aneth
Crevettes
Riz basmati
Avocat

LA NORDIQUE

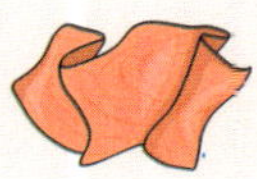

Endives et tomates cerises
Saumon ou truite fumée
Lentilles
Sauce vinaigrette à
l'oignon rouge

L'ASIATIQUE

Brocoli, champignons et radis
Tofu fumé
Nouilles de riz
Sauce vinaigrette asiatique (p. 86)

LA MEXICAINE

Salade verte et concombre
Thon au naturel
Haricots rouges et maïs
Sauce vinaigrette mexicaine (p. 87)

LUNCH BOX

Apports calciques

(facultatif)

1 yaourt nature laitier ou végétal ou équivalent (pour confectionner la sauce)

ou **1 portion de fromage** (feta, mozzarella, gruyère, comté, etc.)

Apports en protéines

Protéines animales :
œufs durs ou en omelette thon, saumon ou truite fumé, maquereau, sardines, crevettes… blanc de poulet, dinde, jambon, bacon… reste de viande froide

Ou **protéines végétales :**
légumineuses (lentilles, pois chiche, haricots rouges, blanc) fèves fraîches, *edamame*, tofu nature ou fumé, tempeh, seitan…

Apports en fibres, vitamines et minéraux

Plusieurs légumes de saison de couleurs différentes crus ou cuits

1 portion de fruit
(facultatif) :
pamplemousse, kiwi, orange, mandarine, raisin, melon, pastèque…

Apports en lipides

Matières grasses végétales :
huile (colza, olive, sésame, noix…) dans la sauce vinaigrette

Et/ou des **graines et fruits oléagineux des olives, de l'avocat…**

Apports en glucides complexes

Féculents : riz (sauvage, basmati, semi ou complet), quinoa, pâtes (blanches, semi ou complètes), nouilles ou vermicelles de riz, pommes de terre, patate douce, maïs, sarrasin, épeautre, boulgour, légumineuses…

Aide culinaire

Ciboulette, basilic, menthe…

Et/ou épices pour aromatiser la sauce

Les recettes de base

Vous trouverez dans cette partie les recettes de base qui vous seront utiles au quotidien. Dans un premier temps, vous trouverez des recettes de sauces, qui vous permettront d'accommoder en toute légèreté les légumes.

Les sauces

Les sauces vinaigrette

Pour accompagner vos crudités ou vos salades, rien de mieux qu'une bonne sauce vinaigrette. On peut la décliner de mille façons, alors choisissez celle qui conviendra le mieux à votre salade et à vos envies du jour !

MES RECETTES DE VINAIGRETTE

Vinaigrette classique

Pour 4 personnes

4 c. à s. d'huile + 2 c. à s. de vinaigre + 1 c. à c. de moutarde + Sel et poivre

Vinaigrette allégée

Pour 4 personnes

2 c. à s. d'huile + 2 c. à s. de vinaigre + 2 c. à s. d'eau + 1 c. à c. de moutarde + Sel et poivre

- Mélanger toujours en premier le vinaigre et le sel, pour que ce dernier puisse se dissoudre.
- Ajouter ensuite tous les autres ingrédients, mélanger et fouettez le tout à la fourchette.

Variantes

Sur la base de ces deux recettes, il est possible de varier le goût de sa vinaigrette en jouant sur les différents ingrédients :

Prenez au choix une de ces huiles :

- Huile d'olive
- Huile de colza
- Huile de noix ou de noisette
- Huile de lin
- Huile de sésame
- Huile d'argan alimentaire

Variez la pointe d'acidité :

- Vinaigre de cidre
- Vinaigre de vin
- Vinaigre balsamique
- Vinaigre de Xérès
- Vinaigre de riz
- Jus de citron
- Jus d'orange
- Jus de pamplemousse

Variez les moutardes :

- La classique de Dijon
- À l'ancienne
- Au raifort
- Parfumée (estragon, piment...)

Pour encore plus de variété, ajouter à sa base de vinaigrette :

Des aromates ciselés ou émincés

- Basilic
- Persil, coriandre
- Ciboulette
- Aneth
- Menthe
- Estragon
- Cerfeuil
- Thym, romarin
- Échalote
- Oignon rouge
- Ail

Des épices

- Curry
- Cumin
- Noix de muscade
- Mélange quatre-épices
- Piment d'Espelette
- Tabasco

Pour une sauce vinaigrette sucrée :

- Du miel
- De la sauce soja sucrée à la place du vinaigre

Vinaigrette orientale

Pour 4 personnes

4 c. à s. d'huile d'olive + 2 c. à s. de jus de citron + 1 c. à s. de persil ou de coriandre ciselés + ½ c. à c. de cumin en poudre + 2 c. à s. de raisins secs + Sel et poivre

› Mélanger ensemble le jus de citron et le sel, puis ajouter tous les autres ingrédients.

› Mélanger. Laisser reposer le temps que les raisins secs se réhydratent un peu.

Cette sauce vinaigrette se mariera parfaitement avec une salade à base de carottes râpées ou de pois chiches.

Vinaigrette asiatique

Pour 4 personnes

4 c. à s. d'huile de sésame + 1 c. à s. de graines de sésame + 1 c. à s. de vinaigre de riz + 1 c. à s. de jus de citron

1 c. à c. de moutarde + ½ c. à c. de sauce soja + 1 c. à s. de coriandre ciselée + Poivre

› Mélanger ensemble tous les ingrédients.

Cette sauce vinaigrette accompagnera agréablement vos salades à base de poisson cru, des nems ou des rouleaux de printemps.

Vinaigrette provençale

Pour 4 personnes

4 c. à s. d'huile d'olive + 2 c. à s. de vinaigre balsamique + 1 gousse d'ail émincée + 1 poignée de feuilles de basilic ciselées + 1 c. à c. de moutarde + Quelques pignons de pin + Sel et poivre

› Mélanger ensemble tous les ingrédients.

Cette sauce vinaigrette apportera ses notes provençales à toutes vos salades de légumes d'été.

Vinaigrette mexicaine

Pour 4 personnes

4 c. à s. d'huile de colza + 2 c. à s. de jus de citron vert + 1 c. à s. de persil ou de coriandre ciselés + 1 gousse d'ail émincée + ½ c. à c. de cumin en poudre + Quelques gouttes de Tabasco + Sel et poivre

› Mélanger ensemble le jus de citron vert et le sel, puis ajouter tous les autres ingrédients sauf le Tabasco, que vous ajouterez en dernier, pour ajuster le goût épicé souhaité.

Cette sauce vinaigrette accompagnera à merveille vos salades à base de tomates, de maïs ou de haricots rouges.

Les sauces blanches

Les sauces blanches accompagneront parfaitement vos crudités lors des apéros, et même vos brochettes de viande rouge, de volaille ou de poisson, lors de vos barbecues.

MES RECETTES DE SAUCE BLANCHE

La base de la sauce blanche classique

Pour 4 personnes

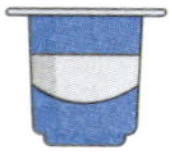

250 g de yaourt à la grecque (ou 2 yaourts de chèvre ou de brebis entiers)

+

2 c. à c. de moutarde

+

2 c. à s. de jus de citron

+

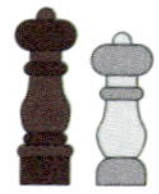

Sel et poivre

La base de la sauce blanche allégée

Pour 4 personnes

250 g de fromage blanc à 3 % (ou 2 yaourts nature laitiers ou végétaux, ou 2 yaourts de chèvre ou de brebis à 0 %)

+

2 c. à c. de moutarde

+

2 c. à s. de jus de citron

+

Sel et poivre

› Mélanger toujours en premier le citron et le sel ensemble, pour que ce dernier puisse se dissoudre. Ajouter ensuite tous les autres ingrédients, et mélanger le tout à l'aide d'une cuillère.

- **Pour encore plus de variété, ajouter à la base de la sauce blanche :**

DES AROMATES CISELÉS OU ÉMINCÉS :

- Basilic
- Menthe
- Persil, coriandre
- Ciboulette
- Aneth
- Estragon
- Cerfeuil
- Échalote
- Oignon rouge
- Ail

La sauce tzatziki

Pour 4 personnes

300 g de yaourt grec + 1 petit concombre + 1 c. à s. d'huile d'olive + 1 c. à s. de jus de citron + 2 gousses d'ail + 15 feuilles de menthe

> Râper le concombre, le mettre dans une passoire et le presser avec les mains pour en extraire le plus d'eau possible.

> Ciseler la menthe et émincer les gousses d'ail.

> Ajouter ensuite tous les ingrédients au yaourt grec et mélanger.

Mayonnaise légère

Pour 4 personnes

2 jaunes d'œufs + 200 g de fromage blanc à 3 % + 2 c. à c. de moutarde + 1 c. à s. de jus de citron + Sel et poivre

> Dans un bol, mélanger à l'aide d'un batteur (à vitesse maximale) les jaunes d'œufs, la moutarde, le jus de citron, le sel et le poivre.

> Puis ajouter petit à petit le fromage blanc, en continuant de mélanger avec le batteur.

Les sauces pour accompagner

Pour varier l'accompagnement de vos légumes ou de vos féculents, ou pour les besoins d'une recette, vous aurez parfois besoin d'ajouter une sauce. De quoi rendre votre plat plus attrayant et mettre en appétit vos convives. Voyons quelques recettes de base pour vous y aider.

MES RECETTES DE SAUCE BÉCHAMEL

C'est la sauce idéale pour accompagner vos gratins de légumes (chou-fleur, brocoli, carottes, épinards, pommes de terre...) ou de poisson ou des œufs durs. On la trouve également dans les lasagnes.

Sauce béchamel classique

Pour 1 personne

10 g de farine ou 10 g de maïzena + 10 g de beurre ou d'huile ou de margarine + 100 ml de lait animal ou végétal + Noix de muscade râpée + Sel et poivre

- Faire un roux en mélangeant la farine et le beurre dans une casserole à feu doux. Quand le mélange prend une couleur brune, verser le lait petit à petit en mélangeant avec un fouet. Laisser cuire environ 10 minutes, le temps que cela épaississe.
- Saler, poivrer et ajouter la noix de muscade râpée.

Sauce béchamel allégée

Pour 1 personne

10 g de farine ou 10 g de maïzena + 100 ml de lait animal ou végétal + Noix de muscade râpée + Sel et poivre

- Mettre la farine dans une casserole, hors du feu, puis ajouter petit à petit le lait froid en mélangeant sans cesse avec un fouet.

> ***Astuces***
>
> *Gustativement, il est difficile de faire la différence entre la recette classique et la recette allégée, qui est sans matières grasses. Celle-ci est donc d'autant plus intéressante pour alléger gratins de légumes et lasagnes. Pour ceux qui ne consomment pas de produits laitiers, la version avec de la margarine et un lait végétal d'avoine ou de soja est idéale.*

- Mettre ensuite sur le feu, continuer de mélanger, le temps que cela épaississe, pendant environ 10 minutes.
- Saler, poivrer, et ajouter la noix de muscade râpée.

Astuces

Pour une sauce plus liquide, mettre 125 ml de lait (au lieu de 100 ml) par personne.

MES RECETTES DE SAUCE TOMATE

La sauce tomate se marie parfaitement avec les pâtes, le riz et les autres céréales. Elle accompagne également divinement les légumes – haricots verts, courgettes, blettes, aubergines –, ainsi que les poissons, les viandes et les œufs. Elle est indispensable dans bon nombre de recettes, telles que les lasagnes ou les pizzas…

Sauce tomate classique

Pour 4 personnes

4 belles tomates + 1 oignon + 2 c. à s. d'huile + 1 gousse d'ail + Herbes de Provence + Sel et poivre

- Dans une poêle, verser l'huile, puis ajouter l'ail et l'oignon émincés.
- Les faire revenir quelques minutes, puis ajouter les tomates coupées en tout petits morceaux et les herbes de Provence.
- Saler et poivrer. Laisser mijoter à feu doux 20 minutes.

Sauce tomate express

Pour 4 personnes

400 g de tomates concassées en conserve + 1 oignon + 2 c. à s. d'huile + 1 gousse d'ail + Herbes de Provence + Sel et poivre

- Dans un plat en verre, mettre l'huile, l'oignon et l'ail émincés. Poser dessus un couvercle et mettre au micro-ondes pendant 1 min 30 (puissance maximum).

- Puis ajouter les tomates concassées et les herbes de Provence, saler, poivrer, mélanger, et remettre le couvercle.
- Faire cuire (puissance maximum) pendant 8 minutes.

Variante

Varier les aromates en remplaçant les herbes de Provence par de l'origan, du basilic ou du persil.

Astuces

L'été, cuisiner la sauce tomate avec des tomates fraîches. Et pourquoi pas en faire d'avance pour l'hiver (à conserver dans des pots stérilisés ou congelés). Sinon, en hiver, en préparer à l'aide de tomates concassées en boîte, c'est bien pratique.

MES RECETTES DE SAUCE PESTO

Cette petite sauce donnera du peps à vos pâtes et gnocchis, aux pommes de terre, à tous les légumes d'été, et même aux choux-fleurs et aux carottes. Elle se marie également très bien avec les poissons blancs, et on peut aussi en glisser dans les sandwichs, voir en mettre une pointe sur les pizzas.

Sauce pesto classique

Pour 4 personnes

4 c. à s. d'huile

+

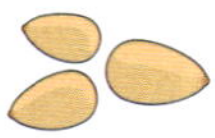
3 c. à s. de pignons de pin

+

60 g de parmesan

2 grosses poignées de basilic

+

1 à 2 gousses d'ail

+

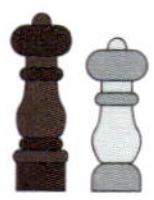
Sel et poivre

Astuces

Traditionnellement, on utilise un mortier et un pilon pour écraser et mélanger tous les ingrédients ensemble. Mais vous pouvez vous aider d'un blender ou d'un mixeur plongeant pour obtenir le mélange crémeux.

- Commencer par mixer les feuilles de basilic, puis ajouter l'ail, les pignons de pin et le parmesan : on obtient une pâte assez épaisse.
- Ajouter progressivement l'huile – et le fromage blanc pour la version légère.
- Saler et poivrer.

Sauce pesto légère

Pour 4 personnes

2 c. à s. d'huile

\+

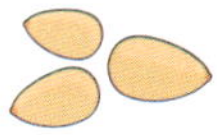

3 c. à s. de pignons de pin

\+

30 g de parmesan

\+

2 c. à s. de fromage blanc

2 grosses poignées de basilic

\+

1 à 2 gousses d'ail

\+

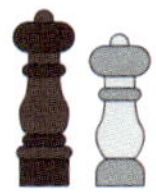

Sel et poivre

Variantes

Vous pouvez remplacer le basilic par des fanes de radis ou de carottes – un bon moyen de recycler ces feuilles –, ou de la roquette.
Pour remplacer les pignons de pin, mettre à la place des noisettes ou des amandes.

Spécial apéro

Pour rendre vos apéritifs plus gourmands, à la fois riches en couleurs et diététiques, voilà mes petites recettes à partager en famille et entre amis !

Mes sauces

Elles se consommeront aussi bien avec des bâtonnets de crudités (carotte, concombre, poivron) qu'avec des fleurettes de chou-fleur cru, sur des rondelles de concombre ou en garniture des champignons de Paris, ou encore sur des feuilles d'endives.

MON TRIO DE HOUMOUS LÉGERS

Houmous au basilic

200 g de pois chiches égouttés
+

100 g de fromage blanc à 3 %
+

1 c. à s. d'huile de sésame
+
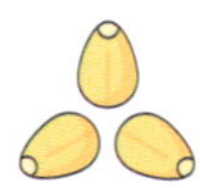
1 c. à s. de graines de sésame

1 gousse d'ail
+

20 feuilles de basilic
+

1 c. à s. de vinaigre balsamique
+
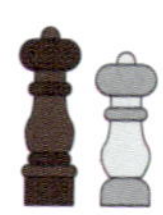
Sel et poivre

Houmous à la betterave

200 g de pois chiches égouttés + 200 g de betterave + 1 c. à s. d'huile de sésame + 1/2 gousse d'ail

1/2 c. à c. de cumin + 1 c. à s. de graines de sésame + 1 c. à s. de jus de citron + Sel et poivre

Houmous nature

200 g de pois chiches égouttés + 100 g de fromage blanc à 3 % + 1 c. à s. d'huile de sésame + 1 gousse d'ail

1 c. à s. de graines de sésame + 1 c. à s. de jus de citron + Sel et poivre

- Faire cuire les pois chiches, et garder un peu d'eau de cuisson. Si ce sont des pois chiches en conserve, les égoutter et garder un peu de jus.
- Pour chaque recette, mettre tous les ingrédients dans un blender, sauf les graines de sésame. Ajouter un peu de jus des pois chiches pour mixer plus facilement et obtenir la consistance désirée.
- Mettre chaque préparation dans des récipients individuels et parsemer sur le dessus les graines de sésame.

MES SAUCES AU FROMAGE

À l'ail et aux fines herbes

100 g de fromage blanc à 3 %

+

50 g de fromage ail et fines herbes

+

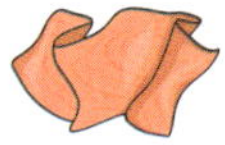

2 tranches de saumon ou de truite fumée

Au chèvre frais

100 g de fromage blanc à 3 %

+

50 g de fromage de chèvre frais

+

Quelques tranches de viande des Grisons

Au roquefort

100 g de fromage blanc à 3 %

+

50 g de roquefort

+

Quelques cerneaux de noix

> Écraser le fromage à la fourchette, puis le mélanger au fromage blanc.

> Déposer un peu de sauce sur le support choisi (feuilles d'endive, rondelles de concombre...), puis décorer le dessus avec un petit morceau de saumon, de viande des Grisons ou 1 cerneau de noix.

MON ARTICHAUNADE

250 g de fonds d'artichauts en conserve + 3 ou 4 brins de basilic + 2 c. à s. d'huile d'olive + 1/2 citron + Sel et poivre

> Mixer les fonds d'artichauts avec les feuilles de basilic et le jus de citron jusqu'à l'obtention d'une purée. Ajouter l'huile d'olive, saler et poivrer. Mixer à nouveau. Réserver au frais pendant au moins 3 heures avant de déguster.

MES RILLETTES DE THON

200 g de fromage blanc ou équivalent végétal + 240 g de thon au naturel + 1 c. à s. de jus de citron + Persil + Poivre

> Égoutter le thon au naturel, puis l'émietter à l'aide d'une fourchette. Ciseler le persil. Dans un bol, ajouter le fromage blanc, le thon, le persil, le jus de citron. Poivrer et mélanger.

MA SAUCE SUCRÉE/SALÉE

100 g de fromage blanc à 3 % + 1 c. à s. de moutarde à l'ancienne + 1 c. à c. de miel + Quelques tranches de magret de canard séchées + De l'estragon + Sel et poivre

> Mélanger ensemble le fromage blanc, la moutarde, le miel, l'estragon ciselé, saler et poivrer. Déposer un peu de sauce sur le support choisi (feuilles d'endive, rondelles de concombre…) puis décorer le dessus avec une tranche de magret de canard séché.

MA SAUCE À L'AVOCAT

100 g de fromage blanc à 3 % + 1 avocat + ½ jus de citron vert + Des œufs de lump ou des petites crevettes + Sel et poivre

- Couper l'avocat en deux. Retirer le noyau, puis ôter la peau des moitiés, et les couper en morceaux. Les écraser à l'aide d'une fourchette.
- Mélanger le fromage blanc avec l'avocat et le jus de citron vert. Saler et poivrer. Déposer un peu de sauce sur le support choisi (feuilles d'endives, rondelles de concombre...), puis décorer le dessus avec une petite crevette ou des œufs de lump.

Variantes

Vous pouvez remplacer le fromage blanc à 3 % par des petits suisses, du skyr ou un équivalent végétal, comme du yaourt de soja nature.

Mes mini cakes

La base de mes mini cakes est une pâte sans matières grasses ajoutées. Ils sont ainsi beaucoup plus légers. Ma petite astuce pour les rendre mini, c'est d'utiliser des petits moules à financiers : on en obtient environ une quarantaine. On peut également utiliser des moules à muffins qui, suivant leur taille, permettent de réaliser entre 20 et 25 muffins.

PÂTE (BASE) DES MINI CAKES

Pour 40 mini cakes

210 g de farine + 1 yaourt nature + 20 cl de lait + 3 œufs + 1 sachet de levure chimique + Sel et poivre

- Mélanger la farine avec la levure, puis faire un puits dans la farine et y verser le yaourt et le lait. Y casser les œufs. Saler légèrement et poivrer.
- Mélanger le tout à l'aide d'un fouet, en faisant tomber petit à petit de la farine dans le puits.

Version provençale

À la base ci-dessus, ajouter :

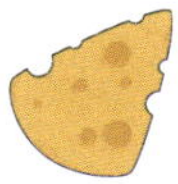
100 g de gruyère râpé
+

40 tomates cerises
+

Des feuilles de basilic
+

2 gousses d'ail
+
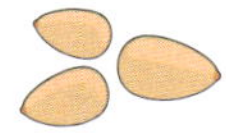
40 pignons de pin

- Ciseler le basilic et émincer les gousses d'ail. Les ajouter à la préparation de base, avec le gruyère. Mélanger le tout à l'aide d'une cuillère.
- Verser un peu de pâte dans les mini moules à financiers, puis y déposer une tomate cerise préalablement coupée en deux, ainsi qu'un pignon de pin.
- Ajouter un peu de pâte si besoin, pour compléter. Mettre à cuire 30 minutes dans un four à 180 °C.

Version roquefort

À la base, ajouter :

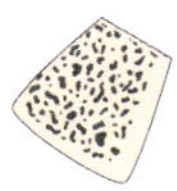
100 g de roquefort
+

40 cerneaux de noix

- Émietter le roquefort, puis le mélanger à la préparation de base. Verser un peu de pâte dans les mini moules à financiers, puis y déposer 1 cerneau de noix. Ajouter un peu de pâte si besoin, pour compléter.
- Mettre à cuire 30 minutes dans un four à 180 °C.

Astuces

Faire cuire les préparations dans un moule à cake si vous préférez en faire des tranches. Le temps de cuisson sera un peu plus long : compter 40 minutes.

Mes crackers aux graines

Pour accompagner vos apéritifs, vous pouvez réaliser vos propres crackers – vous allez voir à quel point c'est simple à faire, pour un résultat tellement délicieux !

Pour 2 plaques de crackers

60 g de farine blanche + 60 g de farine de sarrasin + 30 g de flocons d'avoine + 120 g d'un mélange de graines (30 g de graines de courge + 30 g de sésame + 30 g de lin + 30 g de tournesol)

40 g d'huile d'olive + 1/2 sachet de levure chimique + 1 c. à c. de sel de fleur + 135 g d'eau

- Préchauffer le four à 180 °C en chaleur tournante. Mélanger tous les ingrédients jusqu'à l'obtention d'une pâte collante et homogène. Recouvrir deux plaques de cuisson d'une feuille de papier cuisson. Partager la quantité de pâte en deux, former deux boules et déposer ces deux boules au centre de chaque plaque. Puis recouvrir chaque boule d'un autre morceau de papier cuisson de la même taille que la plaque. À l'aide des mains puis d'un rouleau, étaler la pâte entre les deux feuilles, le plus finement possible. Puis retirer la feuille du dessus.
- Avec un couteau, tracer la forme rectangulaire de crackers en appuyant la lame du couteau sur la pâte (pas besoin de les découper complètement). Enfourner 10 à 15 minutes – attention, surveiller la cuisson, ça va très vite : dès que ça devient doré, c'est que c'est cuit. Sortir les plaques et les laisser refroidir. Plus tard, il n'y aura plus qu'à exercer une petite pression sur les fentes prédéfinies pour séparer les crackers.

Astuces

Pour bien les conserver, garder les crackers dans une boîte hermétique.

Le petit déjeuner

Le muesli maison

Confectionner son propre muesli n'a rien de bien compliqué. Cela laisse en plus la possibilité de créer une combinaison sur mesure, en fonction de ses goûts et de ses envies.

Voilà comment répartir les différents ingrédients pour obtenir un muesli bien équilibré, que l'on conservera dans une boîte hermétique.

MUESLI MAISON

300 g de flocons (avoine, blé, orge, quinoa, millet, sarrasin, maïs...)

+

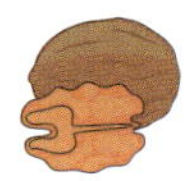

100 g de fruits oléagineux (amande, noisette, noix, cajou, coco, pistache, macadamia...)

100 g de fruits séchés (abricot, ananas, figue, pomme, raisin, banane, papaye...)

+

30 g de graines (tournesol, courges, lin, sésame, chanvre, chia...)

> Choisir vos ingrédients, les mélanger.
> Se conserve dans un bocal hermétique.

Le smoothie complet

Pour un petit déjeuner rapide ou à emporter, vous pouvez miser sur le smoothie complet. De nombreuses variantes sont possibles en fonction des saisons et des ingrédients utilisés. Voilà les proportions des différentes familles d'aliments qui vous permettront de réaliser un smoothie complet et très onctueux.

RECETTE DE BASE DU SMOOTHIE COMPLET

Pour 1 personne

30 g de flocons d'avoine (ou de quinoa, de maïs, etc.)

+

150 ml de lait ou de boisson végétale

+

1 portion de fruit

+

5 amandes ou noisettes

+

1 c. à c. de sucre complet ou de miel (ou autre sucrant au choix)

- Verser tous les ingrédients dans un blender et mixer.
- Ajouter un peu d'eau si besoin, pour obtenir la texture désirée.
- Donner du peps au smoothie en y ajoutant un aromate ou une épice : de la menthe, de la verveine citronnée ou du gingembre, de la cannelle, un mélange quatre-épices, de la vanille, etc.

Le smoothie « overnight » (pour le lendemain)

Si vous avez peu de temps le matin, préparer votre petit déjeuner la veille. De plus, vous obtiendrez une bouillie sans avoir recours à la cuisson. Le matin, il ne restera plus qu'à ajouter un fruit frais et l'apport en lipides.

LA BASE, À PRÉPARER LA VEILLE

Pour 1 personne

30 à 60 g de flocons d'avoine (ou de quinoa, maïs, etc.)

+

150 ml à 200 ml de lait ou de boisson végétale

+

1 c. à c. de sucre complet ou de miel (ou autre sucrant au choix)

À AJOUTER LE LENDEMAIN

1 portion de fruit frais de saison (pomme, orange, fruits rouges, banane, abricot...)

+

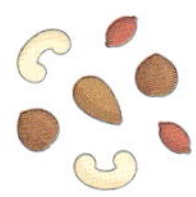

1 apport en lipides : soit des graines et des fruits oléagineux (amandes, noix, noisettes, graines de courge, de tournesol...), soit de la purée d'oléagineux.

- La veille au soir, mélanger les ingrédients de base dans un bocal, puis le fermer et le mettre au réfrigérateur toute la nuit.
- Le matin, découper une portion de fruit frais, l'ajouter à la bouillie obtenue. Puis choisir votre apport en lipides.

Les biscuits petit déjeuner riches en fibres

Les biscuits de base sont souvent très riches en sucres et en matières grasses. Très vite digérés, ils ne calent pas bien longtemps. Pour augmenter la satiété et être rassasié toute la matinée, il faut des biscuits suffisamment riches en fibres, comme la recette que je vous propose ici, grâce à la farine complète T110 et les flocons d'avoine.

RECETTE DE BASE DES BISCUITS PETIT DÉJEUNER RICHES EN FIBRES

Pour réaliser une quinzaine de biscuits

- Dans un saladier, mettre tous les ingrédients et bien mélanger pour former une boule. Si besoin, ajouter un peu d'eau.
- Déposer la pâte sur un film alimentaire, former un gros boudin, puis l'aplatir légèrement pour lui donner une forme ovoïde. Filmer la pâte complètement puis la mettre au congélateur 30 minutes.
- Au bout des 30 minutes, enlever le film et, avec un grand couteau, réaliser des tranches de 3 mm d'épaisseur sur toute la pâte : cela donnera environ 15 biscuits.
- Déposer les biscuits obtenus sur une plaque allant au four préalablement recouverte de papier cuisson, puis enfourner 10 à 12 minutes à 180 °C. À la sortie du four, les déposer sur une grille et les laisser refroidir.

Variante

Vous pouvez remplacer l'huile de coco par de l'huile d'olive ou de tournesol, et la noix de coco râpée par de la poudre d'amandes ou de noisettes.

Les pancakes

Il existe de nombreuses recettes de pancakes. Vous en trouverez ici quatre différentes : ainsi, en fonction des ingrédients disponibles chez vous ou de vos envies, vous aurez toujours la possibilité d'en préparer. Ils sont idéaux pour le petit déjeuner ou le goûter.

PANCAKES CLASSIQUES

Pour 2 personnes

90 g de farine + 100 ml de lait ou de boisson végétale + 1 œuf + 20 g de sucre complet + 1 c. à c. de levure chimique

- Dans un saladier, verser la farine. Ajouter la levure chimique et le sucre, puis mélanger. Faire un puits au centre de la farine et y casser l'œuf, puis verser progressivement le lait. Mélanger au fouet.
- Dans une poêle antiadhésive chaude, légèrement graissée avec un pinceau huilé, verser la valeur d'une louche de pâte. Des petites bulles vont apparaître. Lorsqu'il n'y a plus de nouvelles bulles, retourner le pancake et le laisser cuire encore 2 à 3 minutes.

PANCAKES AUX POMMES

Pour 2 personnes

90 g de flocons d'avoine + 1 pomme + 150 ml de lait ou de boisson végétale + 1 œuf

20 g de miel + 1 c. à c. de levure chimique + 1/2 c. à c. de mélange quatre-épices

- Laver la pomme, puis la peler si elle n'est pas bio. Retirer le cœur et la couper en dés.
- Verser dans un blender le lait, l'œuf, les flocons, le miel, le mélange d'épices, la levure chimique et les dés de pommes. Mixer le tout.

- Dans une poêle antiadhésive chaude, légèrement graissée avec un pinceau huilé, verser la valeur d'une louche de pâte. Des petites bulles vont apparaître. Lorsqu'il n'y a plus de nouvelles bulles, retourner le pancake et le laisser cuire encore 2 à 3 minutes.

PANCAKES AU CHOCOLAT

Pour 2 personnes

90 g de flocons d'avoine + 1 banane + 180 ml de lait ou de boisson végétale + 2 c. à c. de cacao pur + 1 c. à c. de levure chimique

- Couper la banane en rondelles. Puis les mettre avec le lait, les flocons, le cacao et la levure chimique dans un blender. Mixer le tout quelques secondes.
- Dans une poêle antiadhésive chaude, légèrement graissée avec un pinceau huilé, verser la valeur d'une louche de pâte. Des petites bulles vont apparaître. Lorsqu'il n'y a plus de nouvelles bulles, retourner le pancake et la laisser cuire encore 2 à 3 minutes.

PANCAKES AUX MYRTILLES

Pour 2 personnes

90 g de farine + 100 ml de lait ou de boisson végétale + 1 œuf + 100 g de myrtilles fraîches ou surgelées + 20 g de miel + 1 c. à c. de levure chimique

- Dans un saladier, verser la farine. Ajouter la levure chimique, puis mélanger. Faire un puits au centre de la farine, y casser l'œuf, puis verser le miel et, progressivement, le lait, en mélangeant au fouet. En dernier, ajouter les myrtilles (si elles étaient congelées, bien les égoutter). Mélanger à la cuillère.
- Dans une poêle antiadhésive chaude, légèrement graissée avec un pinceau huilé, verser la valeur d'une louche de pâte. Des petites bulles vont apparaître. Lorsqu'il n'y a plus de nouvelles bulles, retourner le pancake et le laisser cuire encore 2 à 3 minutes.

Les crêpes

Il n'y a pas qu'à la chandeleur que l'on peut manger des crêpes. Elles sont intéressantes pour varier les petits déjeuners et les goûters.

RECETTE DE BASE DES CRÊPES

Pour 8 crêpes

250 g de farine

\+

500 ml de lait ou de boisson végétale

\+

2 œufs

\+

2 c. à s. d'huile d'olive ou de tournesol

\+

1 pincée de sel

- Dans un saladier, verser la farine, puis ajouter le sel et mélanger. Faire un puits dans le centre de la farine, y casser les œufs, verser l'huile puis mélanger au fouet en versant progressivement le lait.
- Laisser reposer la pâte une heure.
- Dans une poêle antiadhésive chaude, légèrement graissée avec un pinceau huilé, verser la valeur d'une petite louche de pâte. Faire pivoter la poêle pour répartir la pâte sur toute la surface. Quand la pâte est cuite, la retourner pour faire cuire l'autre face.

Variante

Vous pouvez aromatiser la pâte avec de l'extrait de vanille, de la fleur d'oranger, un jus ou zeste de citron ou d'orange. Vous pouvez aussi remplacer la moitié de la quantité de farine par de la maïzena ou de la farine de châtaigne.

Les petits pains au lait

Les petits pains au lait sont très faciles à confectionner, et ils peuvent être réalisés avec les enfants. Toute la famille pourra ensuite en profiter au petit déjeuner aussi bien qu'au goûter.

Pour 8 petits pains au lait

250 g de farine

+

150 ml de lait 1/2 écrémé + 2 c. à s. de lait

+

40 g de beurre mou

+

20 g de sucre complet

5 g de levure boulangère ou 10 g de levure fraîche

+

1 c. à c. d'extrait de vanille ou de fleur d'oranger

+

1/2 c. à c. de sel

- Faire tiédir le lait au micro-ondes 20 secondes (30 secondes s'il sort du frigo). Y verser la levure, et laisser reposer 10 minutes. Dans un saladier, mélanger la farine et le sucre, puis faire un puits et y déposer le beurre mou, l'extrait de vanille et le mélange lait/levure. Mélanger avec les doigts 10 minutes environ (la pâte doit se décoller des doigts). Laisser ensuite reposer la pâte 2 heures, puis la dégazer en l'écrasant et en la malaxant.
- Façonner 8 petits pâtons d'environ 60 g. Les déposer sur la plaque qui ira au four, et les badigeonner légèrement d'eau à l'aide d'un pinceau. Les recouvrir d'un torchon, et laisser lever encore 30 minutes.
- Badigeonner à nouveau les pains, mais cette fois avec les 2 cuillerées à soupe de lait. Faire 2 entailles sur le dessus avec un couteau bien aiguisé. Enfourner à 180 °C 15 minutes.

Variante

Vous pouvez réaliser une variante en ajoutant à la pâte 40 g de pépites de chocolat.

Astuces

Vous pouvez congeler les petits pains. Pour les déguster, il faudra les sortir du congélateur la veille, puis, au moment du petit déjeuner, les passer 10 secondes au micro-ondes.

Le pain

Pourquoi ne pas réaliser votre pain, pour de belles tartines au petit déjeuner ou pour accompagner les autres repas de la journée ? Vous trouverez ici ma recette de pain aux céréales, qui vous promet des tartines craquantes et délicieuses, et, pour les plus pressés, ma recette de petits pains à la poêle, qui peuvent être réalisés en quelques minutes.

PAIN AUX CÉRÉALES

500 g de farine de céréales (blé, seigle, orge, riz, épeautre)

+

30 g de graines de tournesol

+

30 g de graines de courges

32 cl d'eau

+

10 g de levure de boulanger ou 20 g de levure fraîche

+

1 c. à c. de sel

- Délayer la levure de boulanger dans un peu d'eau tiède. Dans un saladier ou le bol d'un robot, mettre la farine, les graines de tournesol et de courges, ainsi que le sel. Mélanger. Ajouter la levure délayée et le restant d'eau. Pétrir 10 minutes : la pâte doit être lisse et élastique. La laisser reposer 1 h 30.
- Écraser la pâte pour faire sortir le gaz, puis lui donner la forme souhaitée et la poser sur la plaque qui ira au four (préalablement recouverte de papier cuisson). Ensuite, entailler le dessus de la pâte à l'aide d'un couteau.
- Recouvrir la pâte d'un torchon et la laisser reposer 1 h 30.
- Préchauffer le four à 240 °C en statique, et enfourner la plaque 30 minutes.
- Une fois que le pain est cuit, le sortir et le déposer sur une grille le temps qu'il refroidisse.

PETITS PAINS À LA POÊLE

420 g de farine T55 + 2 c. à s. d'huile d'olive + 10 g de levure chimique + 1 c. à c. de sel + 250 ml d'eau

- Dans un saladier, mélanger la farine, la levure chimique et le sel. Ajouter l'eau tiède et l'huile d'olive.
- Pétrir pour obtenir une pâte souple et non collante, en ajoutant de la farine si besoin.
- Partager la pâte en 8 pâtons identiques, et en faire des boules, puis les aplatir avec la paume de la main sur 1 cm maximum.
- Faire chauffer une poêle. Quand elle est chaude, déposer les pâtons, puis baisser le feu. Les laisser cuire 8 minutes, puis les retourner. Ajouter un couvercle bombé et laisser cuire 8 à 10 minutes sur l'autre face.

Les desserts

Les glaces au yaourt

Pour un dessert rafraîchissant, rien de plus simple qu'une glace au yaourt maison (par ailleurs peu calorique). Il faudra juste anticiper la congélation des fruits.

LA BASE DE LA GLACE AU YAOURT

Pour 1 personne

1 yaourt nature laitier ou végétal

+

150 g de fruits surgelés (fraises, framboises, cerises, mangues, abricots...)

+

1 à 2 c. à c. de sucre complet ou de miel (ou autre sucrant au choix)

Les toppings au choix

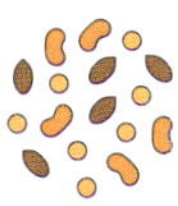

Éclats de fruits oléagineux (pistaches, amandes, noisettes...)

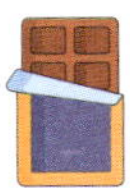

Pépites de chocolat

Noix de coco râpée

- Dans un blender, verser le yaourt ou équivalent, les fruits en morceaux congelés et le sucrant. Mixer quelques secondes à la puissance maximum. Racler les bords si besoin, puis mixer à nouveau quelques secondes. Répéter l'opération jusqu'à obtenir la texture désirée.
- Répartir dans des ramequins et ajouter sur le dessus un ou plusieurs toppings. Déguster immédiatement.

Astuces

Penser à congeler les fruits qui seraient en train de s'abîmer chez vous. Cela évitera ainsi le gaspillage et, lorsqu'une envie de glace se fera sentir, il y aura ce qu'il faut pour en réaliser une.

Les granités aux fruits

Ce sont les fruits les plus riches en eau qui se prêtent le mieux aux granités : melon, pastèque, fraises et autres fruits rouges. Il faudra au préalable congeler les fruits coupés en morceaux (pas trop gros, pour faciliter leur passage au blender). Pour donner du peps au granité, on peut y ajouter des herbes aromatiques.

RECETTE DE BASE DU GRANITÉ

Pour 1 personne

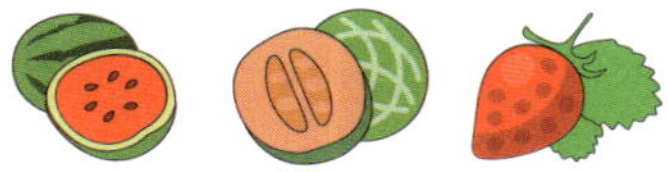

200 g de fruits en morceaux congelés (pastèque, melon, fraises, framboises...)

\+

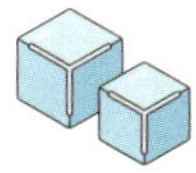

5 à 6 glaçons

- Dans un blender, mettre les fruits en morceaux congelés, les glaçons et les feuilles aromatiques (ou les zestes de citron).
- Mixer quelques secondes à la puissance maximale. Déguster immédiatement.

Variante

Pour un petit plus gustatif, ajouter des feuilles de menthe et/ou des feuilles de basilic et/ou des feuilles de verveine citronnée et/ou des zestes de citron jaune ou vert.

Les crèmes dessert

Les crèmes dessert sont un souvenir d'enfance qu'il est tout à fait possible de réaliser à la maison. Vous trouverez ici une version au chocolat et une à la vanille – toutes deux sont allégées en sucre, pour un dessert gourmand à partager avec toute la famille.

Astuces

Pour éviter qu'une pellicule ne se forme sur le dessus des crèmes, il faut mettre au contact de la crème un film alimentaire.

CRÈMES CHOCOLAT

Pour 4 personnes

500 ml de lait animal ou végétal

+

60 g de chocolat noir

+

2 c. à c. de cacao pur

+

30 g de maïzena

- Verser la maïzena bans un bol, et la délayer avec une petite quantité de lait (ou l'équivalent) à l'aide d'un petit fouet.
- Mélanger dans une casserole le reste du lait, le chocolat cassé en morceaux et le cacao, et faire chauffer à feu doux. Quand le chocolat est fondu, ajouter la maïzena délayée ainsi que le cacao pur, puis mélanger rapidement au fouet. Adapter la puissance du feu sous la casserole pour avoir de tout petits bouillons, et remuer sans cesse environ 3 minutes, le temps que ça épaississe.
- Transvaser la crème dans 4 ramequins et laisser tiédir. Mettre au frais au minimum 2 heures avant de déguster.

CRÈMES VANILLE

Pour 4 personnes

500 ml de lait animal ou végétal

+

2 jaunes d'œufs

+

40 g de sucre complet ou coco

+

30 g de maïzena

+

½ gousse de vanille ou 2 c. à c. d'extrait de vanille

- Verser la maïzena dans un bol, et la délayer avec une petite quantité de lait (ou l'équivalent) à l'aide d'un petit fouet.
- Mettre dans une casserole le reste du lait, la 1/2 gousse de vanille fendue en deux, et faire chauffer à feu doux. Dans un saladier, mélanger les 2 jaunes d'œufs et le sucre au fouet, puis ajouter la maïzena délayée. Mélanger encore au fouet. Verser dans le saladier le lait chaud et remuer au fouet. Transvaser le mélange dans la casserole et faire chauffer à feu moyen. Adapter la puissance du feu sous la casserole pour avoir de tout petits bouillons, et remuer sans cesse, jusqu'à ce que la préparation devienne épaisse.
- Répartir la crème dans 4 ramequins. Les laisser refroidir puis les mettre au frigo, au minimum 2 heures.

Les gâteaux au yaourt

Faciles à réaliser, ils peuvent être consommés au petit déjeuner ou au goûter, pour remplacer les biscuits ou les gâteaux industriels. Vous trouverez ici trois versions de gâteaux allégés en sucres et en matières grasses, ainsi que la version classique.

GÂTEAU AU YAOURT CLASSIQUE

1 yaourt nature laitier ou végétal, ou 125 g de fromage blanc + 3 pots (de yaourt) de farine (240 g) + 3 œufs + 1 pot (de yaourt) d'huile (120 g)

2 pots (de yaourt) de sucre semoule (250 g) + ½ sachet de levure (5 g) + 1 pincée de sel

- Préchauffer le four à 180 °C. Mélanger tous les ingrédients.
- Verser la pâte obtenue dans un moule antiadhésif ou en silicone, et enfourner à 180°C durant 35 minutes.

GÂTEAU AU YAOURT ALLÉGÉ

1 yaourt nature laitier ou végétal, ou 125 g de fromage blanc + 3 pots de farine (240 g) + 3 œufs + 1/2 pot d'huile (60 g)

1 pot de sucre complet (80 g) + ½ sachet de levure (5 g) + 1 pincée de sel

- Préchauffer le four à 180 °C. Mélanger tous les ingrédients.
- Verser la pâte obtenue dans un moule antiadhésif ou en silicone, et enfourner à 180°C durant 35 minutes.

GÂTEAU AU YAOURT FRUITÉ

1 yaourt nature laitier ou végétal, ou 125 g de fromage blanc + 2 pommes + 3 pots de farine (240 g) + 3 œufs

1/2 pot d'huile (60 g) + 1 pot de sucre complet (80 g) + 1/2 sachet de levure (5 g) + 1 pincée de sel

> Couper les pommes en petits dés et les ajouter à la pâte avant de la verser dans le moule.

GÂTEAU AU YAOURT MARBRÉ

1 yaourt nature laitier ou végétal, ou 125 g de fromage blanc + 2 c. à s. de cacao pur + 3 pots de farine (240 g) + 3 œufs

1/2 pot d'huile (60 g) + 1 pot de sucre complet (80 g) + 1/2 sachet de levure (5 g) + 1 pincée de sel

> Une fois la pâte réalisée, la partager en deux portions égales. Ajouter dans l'une le cacao, mélanger.

> Puis verser les deux pâtes dans le moule en les alternant pour obtenir des marbrures.

Tiramisu léger

Ce dessert très gourmand est riche en matières grasses à cause de la présence importante de mascarpone. Pour une version plus légère, il suffit de remplacer la moitié de la quantité de mascarpone par du fromage blanc – un bon moyen de réduire l'apport en matières grasses tout en conservant la texture onctueuse que le mascarpone donne au tiramisu.

TIRAMISU LÉGER CLASSIQUE

Pour 6 personnes

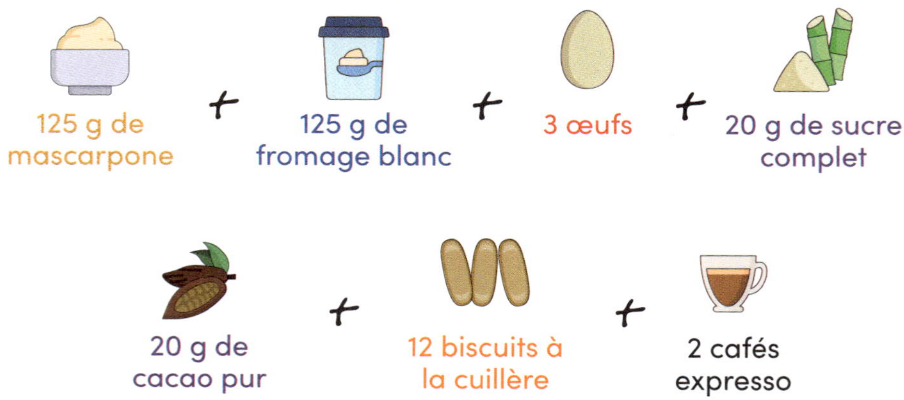

› Séparer les blancs et les jaunes des 3 œufs. Mettre dans un saladier les 3 jaunes d'œufs et le sucre complet, puis mélanger. Ajouter le mascarpone et le fromage blanc, et bien mélanger. Monter les 3 blancs en neige avec une pincée de sel, puis les ajouter délicatement au mélange précédent.

› Faire 2 expressos, et les laisser refroidir. Verser les 2 cafés dans une assiette creuse. Couper les biscuits en 2 morceaux, puis les tremper rapidement dans le café. Déposer dans le fond de 6 verrines 2 morceaux de biscuit, puis répartir dans chaque verrine la moitié du mélange à base de mascarpone. Déposer ensuite sur le mélange 2 autres morceaux de biscuit. Terminer en répartissant le reste du mélange de mascarpone sur les biscuits.

› À l'aide d'un tamis, saupoudrer de cacao sur le dessus de chaque verrine. Réserver au minimum 4 heures au réfrigérateur avant dégustation.

TIRAMISU LÉGER À LA FRAISE

Pour 6 personnes

125 g de mascarpone
+

125 g de fromage blanc
+

3 œufs
+

20 g de sucre complet

600 g de fraises
+

12 biscuits à la cuillère
+

1 citron

- Commencer par presser le citron. Puis, dans un blender, ajouter les biscuits coupés en morceaux avec 2 c. à s. de jus de citron et 100 g de fraises. Mixer.
- Réserver 6 grosses fraises. Découper les autres en petits morceaux, ajouter le reste de jus de citron, et mélanger. Séparer les blancs et les jaunes des 3 œufs. Mettre dans un saladier les 3 jaunes d'œufs et le sucre complet, et mélanger. Puis ajouter le mascarpone et le fromage blanc, et bien mélanger. Monter les 3 blancs en neige avec une pincée de sel, puis ajouter délicatement ces blancs au mélange précédent.
- Répartir dans le fond de 6 verrines le mélange biscuits/fraises, puis le recouvrir avec la moitié du mélange mascarpone. Par-dessus, répartir les morceaux de fraises citronnées, puis recouvrir du reste du mélange mascarpone. Découper les 6 fraises en lamelles et les déposer sur le dessus des verrines. Réserver au minimum 4 heures au réfrigérateur avant dégustation.

Les eaux aromatisées

Il est parfois difficile de boire la quantité d'eau indispensable à l'organisme, alors pourquoi ne pas parfumer votre eau de façon naturelle pour vous inciter à en boire plus.

Rien de plus simple il suffit d'ajouter des herbes aromatiques et des fruits bio coupés en morceaux ou en rondelles, dans un litre d'eau que vous placerez au réfrigérateur au moins pendant 2 heures. Avant de la consommer régulièrement tout au long de la journée.

Les fruits qui si prêtent le mieux sont le pamplemousse, le citron jaune ou vert, les framboises, les fraises, les myrtilles, la pastèque et la pêche. En légume, vous pouvez utiliser le concombre. Pour les herbes aromatiques, pensez à la verveine, la menthe, le basilic et le romarin. Quelques épices également peuvent être utilisées, comme la badiane, les gousses de vanille ou la cannelle.

EAU AROMATISÉE MAISON

1 ou 2 fruits au choix (pomelo, fraise, pastèque, citron, framboise, pêche, concombre, myrtille, citron vert...)

+

1 aromate au choix (menthe, cannelle, basilic, vanille, romarin, badiane...)

> Couper les fruits en morceaux. Ajouter un aromate et 1 litre d'eau.
> Laisser infuser 2h au frigo.

Quelques combinaisons

Fraises citron menthe
Framboises myrtilles basilic
Concombre citron romarin
Pamplemousse romarin
Concombre basilic
Myrtilles orange

Boissons sans alcool

Pas d'apéritif sans trinquer avec les convives. Pour ceux qui ne boivent pas d'alcool, ou qui veulent limiter les calories liquides, je vous partage mes recettes de « cocktails » sans alcool.

VIRGIN MOJITO À LA FRAMBOISE

Pour 1 personne

10 framboises +

Quelques feuilles de menthe +

Le jus d'un citron vert

1 c. à s. de grenadine +

Eau gazeuse +

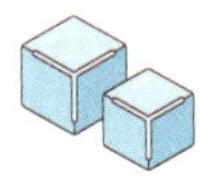
Glaçons

- Réserver 3 framboises.
- Dans un verre, ajouter le restant de framboises, le jus de citron, les feuilles de menthe et la grenadine. Écraser le tout à l'aide d'une cuillère en bois.
- Ajouter les glaçons, les 3 framboises réservées et compléter avec l'eau gazeuse.

GASPACHO AU MELON ET À LA PASTÈQUE

Pour 6 personnes

600 g de pastèque +

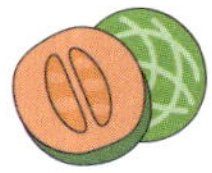
300 g de melon +

150 g de concombre +

2 c. à s. d'huile d'olive

1 c. à s. de vinaigre de Xérès +

1 pincée de piment d'Espelette +

3 branches de coriandre +

10 feuilles de menthe +

Sel

- Découper la chair de la pastèque et du melon en morceaux, ainsi que le concombre. Les mettre dans un blender et y ajouter la coriandre, les feuilles de menthe, le piment d'Espelette, saler, puis mixer.
- Servir bien frais.

VIRGIN MOJITO

Pour 2 personnes

100 g de concombre +

1 citron vert +

20 feuilles de menthe +

1 c. à s. de sucre complet +

300 ml d'eau gazeuse +

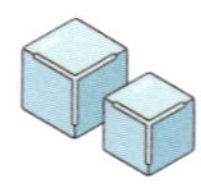
Quelques glaçons

- Dans un blender, mixer le concombre en morceaux, avec la menthe, les $^{3}/_{4}$ du citron vert, le sucre et 100 ml d'eau.
- Passer la préparation au chinois ou dans une passoire fine, écraser les résidus pour récupérer le maximum de liquide.
- Couper en morceaux le quart de citron vert restant, le répartir dans 2 verres ainsi que le liquide récupéré. Compléter chaque verre avec les 200 ml d'eau gazeuse et quelques glaçons.
- Servir immédiatement.

COCKTAIL DE PÊCHE

Pour 2 personnes

1 pêche

\+

1 abricot

\+

20 feuilles de menthe

\+

150 ml d'eau gazeuse

\+

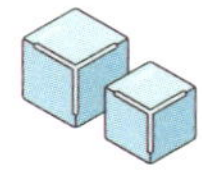
Quelques glaçons

- Peler la pêche, ôter le noyau de la pêche et de l'abricot. Les couper en morceaux.
- Dans un blender, mettre les morceaux de fruits, la menthe et un peu d'eau gazeuse, mixer.
- Répartir la préparation dans 2 verres, compléter avec le restant d'eau gazeuse, ajouter des glaçons.
- Servir immédiatement.

Les menus

La majorité du temps, les menus que l'on voit ne proposent que les repas du soir. Personnellement j'ai souhaité vous proposer les menus du midi et du soir, car je trouve plus intéressant de donner des journées complètes. Ainsi cela vous offre la possibilité de prévoir le midi un repas fait maison, que vous pouvez même emporter. Si cela n'est pas possible dans votre rythme de vie, pas d'inquiétude, les repas que je propose le midi peuvent très bien être consommés le soir, vous aurez dans ce cas encore plus de choix pour prévoir vos repas du soir.

J'ai également pensé ces menus sur un plan pratique, c'est pour cette raison que les menus commencent par le dimanche, jour de repos (si cela n'est pas le cas démarrez le 1er jour de la semaine sur un de vos jours de repos).

À chaque début de semaine je vous propose d'organiser votre dimanche matin, afin de pouvoir cuisiner en même temps que le repas du midi, 2 autres recettes, ainsi que quelques préparations pour prendre de l'avance sur la semaine. Puis chaque jour de la semaine, vous serez accompagné pour vous aider à organiser vos repas.

J'ai composé les 4 semaines de menus de chaque saison afin qu'ils vous apportent un maximum de variété tout en étant équilibré à la journée et à la semaine, en tenant compte du calendrier des saisons des légumes et des fruits et des toutes dernières recommandations alimentaires. Vous y trouverez de nombreux repas végétariens (signalés dans les menus par un petit logo) afin de vous aider à diversifier votre alimentation.

Chaque menu du midi et du soir est composé d'un plat principal, qui sera parfois complété par un accompagnement ou une entrée, pour que le repas soit équilibré. À vous d'ajouter, si besoin, une entrée ou un accompagnement supplémentaire, si vous souhaitez augmenter le volume ou l'apport énergétique du repas.

Vous assaisonnerez vos crudités et vos salades composées en fonction de vos envies en piochant dans les différentes recettes de sauces que je vous propose (p. 84).

En ce qui concerne les desserts, ce sera à vous de choisir comment répartir vos produits laitiers ou équivalents végétaux, ainsi que vos fruits dans la journée. Ils pourront donc très bien se retrouver en fin de repas ou bien en collation, à vous de voir. Et si l'envie d'un dessert plus élaboré se faisait sentir, vous pouvez toujours piocher dans les recettes desserts (p. 111).

Les petits déjeuners ne sont pas prévus, car je voulais vous laisser la possibilité de les composer vous-même, en vous aidant du chapitre qui leur est consacré. Ainsi vous pourrez, en fonction de vos envies et de vos besoins, choisir ce qui vous conviendra le mieux. Vous pouvez également vous inspirer des recettes petits déjeuners (p. 101).

Et pour une organisation au top, vous trouverez pour chaque semaine la liste de courses, vous la compléterez en fonction du choix de vos desserts et de vos petits déjeuners.

C'est parti pour 8 semaines de menus...

PRINTEMPS-ÉTÉ

Semaine 1

Dimanche

Lasagnes
Salade verte

Œufs cocottes aux poivrons
Salade de courgettes crues
Pain

Lundi

Bœuf aux légumes d'été
Boulgour

Poulet grillé
Salade de concombre
et carottes râpées
Pain

Mardi

Sauté de porc
aux poivrons
Pâtes

Salade de tomate
et betterave
Truite fumée
Pain

Mercredi

Salade de blé
Pois chiches, tomate
et concombre

Poulet à la tomate et
à la mozzarella
Haricots verts
Pain

Jeudi

Salade de pâtes,
maïs, concombre
et œufs dur

Papillote de cabillaud
à la tomate et
à la courgette
Pain

Vendredi

Salade de magret de canard
fumé, aux cœurs d'artichauts
et tomates cerises

Mini flans de courgettes au
chèvre frais et jambon
Salade verte
Pain

Samedi

Galette végé au quinoa
et aux haricots rouges
Blettes à la tomate

Bruschetta à la sardine,
aux tomates et au basilic
Salade verte

Liste de courses de la semaine 1

Légumes et fruits

› Aubergines
› Betterave
› Blettes
› Carottes
› Concombres
› Cœurs d'artichauts en conserve
› Courgettes bio
› Haricots verts frais ou surgelés
› Oignons
› Poivrons rouge et poivrons jaunes
› Salade verte
› Tomates
› Tomates cerises
› Citron vert

Lipides

› Huile d'olive
› Olives noires dénoyautées

Glucides

› Farine T80
› Pain complet ou autre
› Boulgour
› Blé (Ebly)
› Pâtes
› Plaques de lasagnes crues
› Quinoa
› Maïzena
› Maïs en conserve

Aides culinaires

› Ail
› Basilic
› Échalote
› Herbes de Provence
› Gingembre
› Noix de muscade
› Cumin
› Curcuma
› Paprika
› Vinaigre balsamique
› Papier cuisson

Protéines

› Blanc de poulet
› Paleron de bœuf
› Sauté de porc
› Viande hachée à 5 %
› Œufs
› Dés de jambon
› Filets de canard séchés
› Truite fumée
› Filets de cabillaud
› Sardines au naturel
› Haricots rouges en conserve
› Pois chiches en conserve

Produits laitiers ou équivalent végétal

› Chèvre frais
› Gruyère
› Mozzarella
› Lait $^1/_2$ écrémé

Sucre / Sucreries / Alcool

Batch cooking pour la semaine

Dimanche matin, on cuisine :

1. Les lasagnes à la viande pour le midi (p. 127).
2. Le bœuf aux légumes d'été pour lundi midi (p. 129).
3. Le sauté de porc aux poivrons pour mardi midi (p. 130).

Dimanche, on s'organise :

4. On commence par faire la béchamel et la préparation de la viande des lasagnes, afin de libérer les feux pour les préparations suivantes, qui sont plus longues.
5. On coupe tous les légumes nécessaires pour le plat de bœuf aux légumes et le sauté de porc aux poivrons.
6. On commence par la préparation du bœuf, qui a le temps de cuisson le plus long.
7. Puis on lance la préparation et la cuisson du sauté de porc.
8. On finit le montage des lasagnes, qui seront mises au four 20 minutes avant le repas.

Dimanche, on s'avance :

9. Pendant les cuissons, on avance des préparations pour la semaine :
   - Laver et égoutter la salade verte.
   - Éplucher, laver puis râper des carottes pour lundi soir.
   - Cuire le boulgour pour le lundi midi, s'il n'est pas possible de le faire le jour même. Une fois cuit l'égoutter et le passer sous l'eau froide pour stopper la cuisson, l'égoutter à nouveau.
   - On conserve les légumes et le boulgour dans des boîtes hermétiques au réfrigérateur.

Dimanche

Midi

1. Préparer la salade verte et l'assaisonner avec une vinaigrette de son choix (voir recettes p. 84).
2. Cuisiner les lasagnes à la viande.

LASAGNES À LA VIANDE

Préparation : 20 min
Cuisson : 20 min
Pour 4 parts

250 g de plaques de lasagne crues
+

500 g de viande hachée maigre (ou 5 %)
+
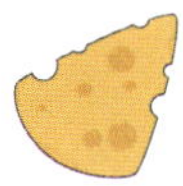
100 g de gruyère
+

500 ml de lait 1/2 écrémé

40 g de maïzena
+

8 belles tomates
+
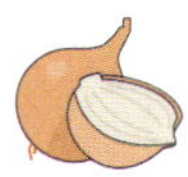
1 oignon

2 gousses d'ail
+

Herbes de Provence, noix de muscade
+
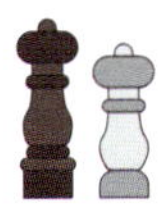
Sel, poivre

- Préchauffer le four à 220 °C.
- Préparation de la béchamel : dans une casserole, mettre le lait et la maïzena, puis mélanger au fouet. Saler, poivrer. Râper un peu de noix de muscade. Faire cuire 10 minutes, tout en continuant de mélanger.
- Préparation de la viande à la tomate : émincer l'ail et l'oignon, et couper les tomates en tout petits morceaux. Dans une sauteuse chaude, mettre la viande et l'oignon émincé. Les faire dorer en mélangeant de temps en temps, puis ajouter les tomates en morceaux, les herbes de Provence, l'ail émincé. Saler et poivrer. Laisser cuire 10 min.
- Dans un plat allant au four, mettre un peu de béchamel dans le fond et l'étaler, puis la recouvrir avec des plaques de lasagne. Par-dessus, étaler un peu de viande

à la tomate, puis ajouter un peu de béchamel. Recouvrir de plaques de lasagnes, et poursuivre en continuant les différentes couches. Terminer par une couche de plaques de lasagne, et verser dessus le reste de béchamel. Parsemer de gruyère.

> Mettre dans le four chaud à 220 °C, pendant 20 minutes.

Variantes

En hiver, vous pouvez remplacer les tomates fraîches par des tomates concassées. Pour une version végétarienne, remplacer la viande hachée par des protéines de soja texturées.

Soir

1. Cuisiner les œufs cocotte aux poivrons.

ŒUFS COCOTTE AUX POIVRONS

Préparation : 15 min
Cuisson : 25-30 min

Pour 4 personnes

1 poivron rouge
+

2 tomates
+
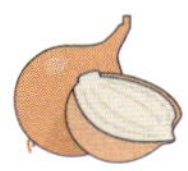
½ oignon
+

1 gousse d'ail

1 c. à s. d'huile d'olive
+

¼ de c. à c. de cumin +
¼ de c. à c. de paprika
+

4 à 8 œufs

> Préchauffer le four à 150 °C.

> Découper le poivron rouge et les deux tomates en petits cubes. Émincer le demi-oignon et la gousse d'ail. Dans une poêle, ajouter l'huile d'olive, le cumin et le paprika, et faire revenir dedans l'oignon et l'ail, puis ajouter les légumes. Laisser mijoter à feu doux 15 minutes. Répartir les légumes dans 4 petits plats individuels, et casser sur le dessus de chacun un ou deux œufs. Dans un plat allant au four, verser un peu d'eau, puis y déposer les 4 petits plats individuels. Enfourner à 150 °C pendant 10 à 12 minutes.

Pour la salade de courgettes crues

> À l'aide d'un économe, peler la chair des courgettes dans le sens de la longueur, pour obtenir des tagliatelles fines. Puis les assaisonner d'une sauce vinaigrette de son choix, et bien mélanger.

Lundi

Midi

1. Réchauffer le bœuf aux légumes d'été et le boulgour.

BŒUF AUX LÉGUMES D'ÉTÉ

Préparation : 10 min
Cuisson : 2 h
Pour 4 personnes

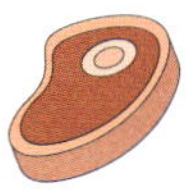
600 g de bœuf (paleron, macreuse) +

1 grosse aubergine +

3 courgettes +

1 oignon +

2 gousses d'ail

1 c. à c. de gingembre râpé +

1 c. à c. de cumin +

1 c. à c. de curcuma +

4 c. à s. d'huile d'olive +

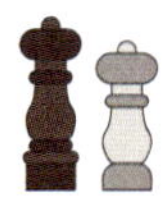
Sel et poivre

- Laver puis couper en dés de 2 cm les courgettes et l'aubergine. Émincer l'ail et l'oignon. Couper la viande en dés de 2 cm.
- Dans une cocotte, verser 2 c. à s. d'huile et y faire revenir les morceaux de viande, puis les retirer.
- Ajouter à nouveau 2 c. à s. d'huile dans le plat pour faire revenir l'ail, l'oignon et les légumes en morceaux. Laisser cuire 5 minutes, puis retirer les morceaux et réserver pour plus tard.
- Remettre la viande dans le plat, ajouter 400 ml d'eau tiède, le gingembre, le cumin et le curcuma. Saler et poivrer. Laisser mijoter une heure.
- Au bout de l'heure, ajouter tous les légumes (rajouter de l'eau tiède si nécessaire), puis laisser mijoter une heure de plus.

Variantes

Vous pouvez remplacer le bœuf par de l'agneau.
Vous pouvez aussi remplacer le cumin et le curcuma par du ras el-hanout.

Soir

1. Couper le concombre en rondelles, ajouter les carottes râpées, et les assaisonner avec la sauce vinaigrette de son choix.
2. Faire cuire le blanc de poulet.
3. Préparation pour le lendemain midi et jeudi midi :
   - Faire cuire la quantité de pâtes nécessaire pour le lendemain midi et pour la salade de jeudi midi. Une fois cuites et égouttées, les passer sous l'eau froide pour stopper la cuisson, et les conserver au réfrigérateur dans deux récipients hermétiques différents pour séparer les quantités des deux repas.

Mardi

Midi

1. Réchauffer le sauté de porc aux poivrons avec les pâtes cuites la veille.

SAUTÉ DE PORC AUX POIVRONS

Préparation : 15 min – Cuisson : 45 min

Pour 4 parts

600 g de sauté de porc
+

2 poivrons rouges, 2 poivrons jaunes
+
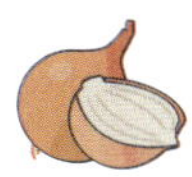
1 oignon
+

100 g d'olives noires dénoyautées

2 c. à s. d'huile d'olive
+

1 c. à c. de paprika, herbes de Provence
+

Sel et poivre

› Émincer l'oignon, ôter les graines des poivrons puis les couper en lamelles. Couper la viande en dés de 2 cm. Dans une sauteuse, verser l'huile, et y faire revenir la viande, puis la retirez et la mettre de côté. Verser un peu d'eau dans la sauteuse pour décoller les sucs, puis ajouter l'oignon et les lamelles de poivrons. Faire revenir les légumes 5 minutes.

› Remettre la viande dans la sauteuse avec les légumes, ajouter 300 ml d'eau, les olives, le paprika et les herbes de Provence, saler et poivrer. Mélanger et laisser mijoter 40 minutes.

Variantes

Remplacer le sauté de porc par du blanc de poulet ou de la dinde.

Soir

1. Couper des tomates en morceaux, suffisamment pour le soir et pour la salade du lendemain midi.
2. Préparer la salade du soir en assaisonnant une partie des tomates et de la betterave coupée en dés avec la sauce vinaigrette de son choix, puis ajouter des tranches de truite fumée.
3. Préparer la salade du lendemain :
   - Faire cuire le blé (Ebly). L'égoutter et le passer sous l'eau froide pour stopper la cuisson.
   - Couper du concombre en petits dés. Rincer puis égoutter des pois chiches cuits en conserve.
   - Mélanger l'Ebly, les tomates, le concombre et les pois chiches ensemble. Mettre la salade au réfrigérateur.

Mercredi

Midi

1. Assaisonner la salade avec la sauce vinaigrette de son choix.

Soir

1. Préparer la salade du lendemain :
   - Faire cuire des œufs durs, puis les écaler et les couper en quatre. Égoutter et rincer le maïs en conserve, couper du concombre en dés. Ajouter les œufs durs, le maïs et le concombre aux pâtes cuites lundi. Conserver au réfrigérateur.
2. Préparer le repas du soir :
   - Faire cuire les haricots verts frais, les équeuter et les mettre dans un grand volume d'eau (compter 10 à 12 minutes à partir du moment où l'eau entre en ébullition ; si les haricots verts étaient surgelés, compter seulement 5 à 7 minutes).
   - Préparer le poulet à la tomate et à la mozzarella.

POULET À LA TOMATE ET À LA MOZZARELLA

Préparation : 10 min
Cuisson : 20 min
Pour 4 parts

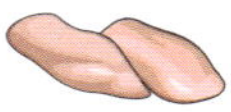
4 blancs de poulet
+

2 tomates
+
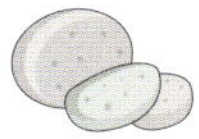
1 boule de mozzarella
+

8 olives noires dénoyautées
+

Quelques feuilles de basilic

- Couper en rondelles les tomates et la boule de mozzarella.
- Fendre les blancs de poulet en deux, dans la longueur, sans séparer les deux morceaux afin d'obtenir une escalope. Saler et poivrer.
- Sur une des moitiés de chaque escalope, déposer des tranches de tomates et de mozzarella, du basilic et des morceaux d'olive, puis refermer l'escalope en rabattant la deuxième moitié sur le dessus de la mozzarella. Maintenir fermé, si besoin avec un cure-dent.
- Faire cuire les escalopes en les déposant dans une poêle chaude légèrement huilée. Attendre que l'escalope se décolle de la poêle pour la retourner. Mettre un couvercle sur la poêle, baisser le feu et laisser cuire 15 minutes.

Variantes

Remplacer le poulet par de la dinde, ou une escalope de veau ou de porc.

Jeudi

- **Midi**

1. Assaisonner la salade de pâtes avec une sauce vinaigrette de son choix.

- **Soir**

1. Cuisiner les papillotes de cabillaud à la tomate et à la courgette.

PAPILLOTES DE CABILLAUD À LA TOMATE ET À LA COURGETTE

Préparation : 15 min
Cuisson : 30 min
Pour 4 parts

4 filets de cabillaud
+

2 tomates
+

2 belles courgettes
+

1 citron vert

1 poignée de basilic
+
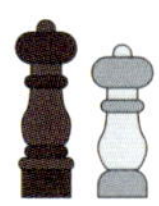
Sel et poivre
+
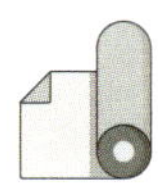
Papier cuisson

- Préchauffer le four à 180 °C.
- À l'aide d'un économe, peler la chair des courgettes dans le sens de la longueur pour en faire des tagliatelles.
- Couper les tomates et le citron vert en tranches.
- Découper 4 morceaux de papier cuisson, répartir dessus les tagliatelles de courgettes. Saler et poivrer.
- Déposer sur chaque tas de courgettes un filet de cabillaud, puis des tranches de tomates et de citron vert.
- Ajouter le basilic. Saler et poivrer, puis refermer les papillotes.
- Enfourner à 180 °C pour 30 minutes.

Variantes

Remplacer le citron vert par un citron jaune.
Remplacer les courgettes par des carottes ou de l'aubergine.

Vendredi

Midi

1. Rincer et égoutter les cœurs d'artichauts en boîte, les couper en quatre, les ajouter à de la salade verte et des tomates cerises, assaisonner avec une vinaigrette de son choix. Ajouter les filets de canard séchés dessus.

Soir

1. Assaisonner la salade verte avec une vinaigrette de son choix.
2. Cuisiner les mini flans de courgettes.

MINI FLANS DE COURGETTES AU CHÈVRE FRAIS ET AU JAMBON

Préparation : 10 min – Cuisson : 45 min

Pour 4 parts

300 g de courgettes bio + 4 œufs + 100 g de dés de jambon + 150 ml de lait + 100 g de fromage de chèvre frais

40 g de farine + 1 poignée de basilic + 1 gousse d'ail + 1 c. à s. d'huile d'olive + Sel et poivre

- Découper les courgettes en dés. Dans une sauteuse, mettre l'huile d'olive, les courgettes, l'ail et le sel. Faire cuire à couvert 15 minutes. À la fin de la cuisson, ajouter le chèvre frais, les dés de jambon et le basilic émincé. Mélanger.
- Dans un saladier, battre les œufs en omelette, ajouter le lait et la farine, fouetter le tout. Ajouter le contenu de la sauteuse, puis poivrer. Répartir dans des mini moules à muffins antiadhésif ou en silicone.
- Mettre au four à 180 °C 30 minutes.
- Attendre qu'ils refroidissent avant de démouler.

Variantes

Remplacer le chèvre frais par de la ricotta, le jambon par des lardons de bacon.

Samedi

- **Midi**

1. Cuisiner les galettes végétales aux haricots rouges.

GALETTES VÉGÉTALES AUX HARICOTS ROUGES ET QUINOA

Préparation : 10 min
Cuisson : 25 min
Pour 4 parts

200 g de haricots rouges en conserve
+

80 g de quinoa
+

40 g de maïzena
+

2 c. à s. d'huile d'olive

1 échalote
+

1 poignée de basilic
+

½ c. à c. de paprika
+
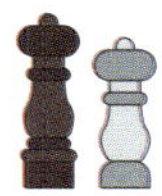
Sel et poivre

> Faire cuire le quinoa comme indiqué sur le paquet (environ 8 minutes).
> Émincer l'échalote et ciseler le basilic.
> Rincer et égoutter les haricots rouges. Dans une assiette creuse, les écraser grossièrement à l'aide d'une fourchette. Ajouter le quinoa cuit, l'échalote, le basilic, le paprika et la maïzena. Saler et poivrer. Mélanger le tout ensemble.
> Partager la préparation en quatre, puis donner à chaque part une forme de galette.
> Dans une poêle antiadhésive, verser l'huile d'olive et faire revenir les galettes 5 à 6 minutes sur chaque face. Attention, il faudra les manipuler délicatement, à l'aide d'une spatule, pour les retourner.

Variantes

Remplacer le quinoa par du boulgour ou du petit épeautre.

2. Cuisiner les blettes à la tomate.

BLETTES À LA TOMATE

Préparation : 15 min
Cuisson : 20 min

Pour 4 personnes

600 g de blettes

\+

4 tomates

\+

2 c. à s. d'huile d'olive

1 oignon

\+

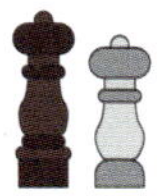

Sel, poivre

\+

Herbes de Provence

> Prendre les blettes, couper les côtes en tronçons d'un centimètre, et hacher les feuilles. Couper les tomates en petits dés.

> Dans une sauteuse, verser l'huile d'olive, et faire revenir l'oignon émincé, puis ajouter tous les légumes. Saler, poivrer, saupoudrer d'herbes de Provence et laisser mijoter 20 minutes.

Soir

1. Assaisonner la salade verte avec une vinaigrette de son choix.
2. Cuisiner les bruschettas à la sardine.

BRUSCHETTAS À LA SARDINE, AUX TOMATES ET AU BASILIC

Préparation : 10 min

Cuisson : 5 min

Pour 4 parts

4 belles tranches de pain + 1 gousse d'ail + 4 tomates

400g de sardines au naturel + Huile d'olive + Vinaigre balsamique

Sel, poivre + Feuilles de basilic + Salade verte

- Faire griller les tranches de pain, puis frotter dessus la gousse d'ail.
- Couper les tomates en petits morceaux, puis ôter les graines.
- Écraser les sardines à la fourchette, les ajouter aux morceaux de tomates, assaisonner d'un petit filet d'huile d'olive et de vinaigre balsamique, saler, poivrer et ajouter des feuilles de basilic émincées. Mélanger.
- Tartiner le pain avec cette préparation, et accompagner d'une salade verte.

PRINTEMPS-ÉTÉ

Semaine 2

Dimanche

Pizza méditerranéenne
Salade verte

Salade de quinoa
aux légumes
Saumon fumé

Lundi

Aubergines
à la crétoise
Quinoa

Omelette aux asperges
Salade verte
Pain

Mardi

Galettes de courgettes
Côte de porc grillée
Pain

Salade de pomme de terre
et haricots verts
Émincés de poulet

Mercredi

Taboulé express
Maquereaux

Gaspacho
Œufs à la coque et
leurs mouillettes
Salade verte

Jeudi

Aubergines express
Salade de
pois chiches

« One pot pasta »
de dinde aux tomates,
courgettes, poivrons
et parmesan

Vendredi

Salade de bœuf
à l'italienne
Pain

Gratin de poisson
aux petits légumes
Pain

Samedi

Couscous de poulet
aux légumes

Salade au petit épeautre,
lentilles corail, tomates cerises
et chèvre frais

Liste de courses de la semaine 2

Légumes et fruits

› Aubergines
› Asperges
› Branche de céleri
› Carottes
› Champignons de Paris
› Courgettes
› Concombres
› Haricots verts
› Navets
› Oignon rouge et oignon blanc
› Oignons
› Poivrons rouges et poivrons jaunes
› Salade verte
› Tomates
› Tomates cerises
› Citrons

Lipides

› Huile d'olive
› Olives noires

Glucides

› Farine T80
› Pain complet ou autre
› Penne
› Petit épeautre
› Pommes de terre
› Quinoa
› Semoule moyenne

Aides culinaires

› Ail
› Basilic
› Menthe
› Vinaigre de xérès ou balsamique
› Ras el-hanout
› Piment d'Espelette
› Herbes de Provence
› Levure de boulanger sèche ou Levure fraîche
› Papier cuisson

Protéines

› Viande hachée à 5 %
› Côtes de porc
› Blancs de poulet
› Pilons et hauts de cuisses de poulet
› Filets de dinde
› Œufs
› Filets de bœuf
› Filets de cabillaud
› Maquereaux au naturel
› Saumon fumé
› Lentilles corail sèches
› Pois chiches en conserve

Produits laitiers ou équivalent végétal

› Chèvre frais
› Feta
› Mozzarella
› Parmesan

Sucre / Sucreries / Alcool

Batch cooking pour la semaine

Dimanche matin, on cuisine :

1. La pizza méditerranéenne pour le midi (p. 141).
2. Les aubergines à la crétoise pour lundi midi (p. 143).
3. Les galettes de courgettes pour le mardi midi (p. 145).

Dimanche, on s'organise :

4. On commence par préparer la pâte à pizza et on la laisse lever.
5. On découpe tous les légumes pour chaque recette.
6. Puis on cuisine en premier les aubergines à la crétoise, elles seront mises au four en chaleur tournante (attention de positionner le plat dans le four de façon à ce qu'il y ait la place d'ajouter plus tard les galettes de courgettes).
7. On cuisine les galettes de courgettes et on les met dans le four 25 minutes avant la fin de la cuisson des aubergines. Ainsi, la cuisson des deux plats se finira en même temps.
8. On finit les préparatifs de la pizza.
9. Quand les aubergines et les galettes sont sorties du four, on monte celui-ci à 210 °C. Quand il est à bonne température, on enfourne la pizza.

Dimanche, on s'avance :

10. Pendant les cuissons, on avance des préparations pour la semaine :
    - On lave et égoutte la salade verte.
    - On fait cuire la quantité nécessaire de quinoa pour la salade de dimanche soir et le lundi midi.
    - On fait cuire les haricots verts pour mardi soir.
    - On conserve les légumes et le quinoa dans des boîtes hermétiques au réfrigérateur.

Dimanche

Midi

1. Préparer la salade verte et l'assaisonner avec une vinaigrette de son choix.
2. Cuisiner la pizza méditerranéenne.

PIZZA MÉDITERRANÉENNE

Préparation : 15 min
Repos : 1 h 30
Cuisson : 15 min

Pour 4 personnes

Pour la pâte

250 g de farine T80 + 2 c. à s. d'huile d'olive + 150 ml d'eau tiède + 1 c. à c. de sel + 10 g de levure de boulanger sèche ou 20 g de levure fraîche

Pour la garniture

300 g de sauce tomate maison (recette p. 91) + 1 courgette + 1 aubergine

120 g de mozzarella + 8 olives noires + Quelques feuilles de basilic

Préparer la pâte à pizza

- Faire tiédir l'eau, puis verser la levure dedans. Mélanger et laisser reposer 5 à 10 min.
- Dans un saladier, verser la farine, puis le sel, l'huile d'olive, et enfin l'eau avec la levure. Pétrir. Laisser reposer environ 1 h 30.

Préparer la garniture

- Couper les légumes et la mozzarella en fines lamelles.
- Quand la pâte a levé, la dégazer puis l'étaler.
- Verser ensuite la sauce tomate sur la pâte. Bien l'étaler sur toute la surface à l'aide d'une cuillère (ne pas l'étaler jusqu'au bord, laisser environ 1 cm de pâte sans sauce).
- Déposer dessus les lamelles de légumes en les répartissant sur toute la pâte, ainsi que les olives et la mozzarella. Enfourner (le four aura été préalablement préchauffé) à 210 °C pendant 10 à 15 min.
- Une fois la pizza cuite, la couper en 4 et ajouter quelques feuilles de basilic sur chaque portion avant de déguster.
- Accompagner la pizza d'une salade verte assaisonnée avec la vinaigrette de son choix.

Variantes

Remplacer la mozzarella par de la feta.
Remplacer l'aubergine par du poivron rouge.

Soir

1. Cuisiner la salade de quinoa au légumes.

SALADE DE QUINOA AUX LÉGUMES

Préparation : 10 min
Cuisson : 10 min
Pour 4 personnes

240 g de quinoa +

4 tomates +

1 poivron jaune ou rouge +

1 oignon rouge +

Salade verte

- Faire cuire le quinoa. Une fois qu'il est cuit, l'égoutter et le passer sous un filet d'eau pour le refroidir. Le mettre dans un saladier, puis ajouter les tomates et le poivron jaune ou rouge coupés en morceaux, ainsi que l'oignon rouge émincé et la salade verte.
- Assaisonner avec la vinaigrette de son choix, et mélanger.
- Cette salade accompagnera des tranches de saumon fumé.

Lundi

- **Midi**

1. Réchauffer les aubergines à la crétoise.

AUBERGINES À LA CRÉTOISE

Préparation : 10 min
Cuisson : 1 h 15
Pour 4 personnes

400 g de viande hachée à 5 % de matières grasses
+

4 aubergines
+

4 tomates
+

2 gros oignons

3 gousses d'ail
+

200 g de feta
+

4 c. à s. d'huile d'olive
+
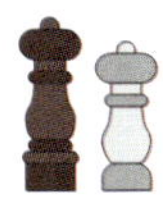
Sel et poivre

› Émincer les gousses d'ail et les oignons, couper les tomates et la feta en petits morceaux.

› Couper les aubergines en rondelles d'une épaisseur de 0,5 cm.

› Dans une poêle, verser 3 c. à s. d'huile et faire revenir les rondelles d'aubergine. Les retirer du feu au fur et à mesure qu'elles deviennent molles, et les réserver.

› Ajouter un petit fond d'eau dans la poêle, l'ail et les oignons émincés, mélanger et faire revenir 2 min. Puis ajouter la viande. Laisser cuire 5 min, puis ajouter les dés de tomates. Saler et poivrer. Laisser mijoter 15 min. Ajouter de l'eau si besoin.

› À la fin de la cuisson, ajouter les dés de feta et mélanger.

› Dans un plat allant au four, recouvrir le fond avec des rondelles d'aubergine. Verser par-dessus la moitié du contenu de la poêle. Recouvrir d'aubergines, puis verser le restant de la poêle dessus et finir par une dernière couche d'aubergines. Les badigeonner d'un peu d'huile à l'aide d'un pinceau.

› Mettre dans un four chaud à 180 °C pendant 40 min.

Variantes

Remplacer les aubergines par des courgettes.
Pour une version végétale, remplacer la viande hachée par des protéines de soja texturées réhydratées.

- **Soir**

1. Préparer la salade verte en ajoutant la vinaigrette de son choix (voir recette p. 86).
2. Cuisiner l'omelette aux asperges.

OMELETTE AUX ASPERGES

Préparation : 15 min
Cuisson : 20 min
Pour 4 personnes

500 g d'asperges + 2 c. à s. d'huile + 8 œufs + Sel et poivre

> Nettoyer les asperges, et enlever les extrémités très dures. Les laver puis les couper en rondelles d'un centimètre.

> Ajouter dans une poêle l'huile, les asperges, saler et poivrer. Couvrir et laisser mijoter 8 minutes. Découvrir et laisser 5 minutes supplémentaires.

> Pendant ce temps, battre les œufs en omelette dans un saladier. Saler et poivrer. Puis verser le contenu du saladier dans la poêle, mettre sur feu vif au démarrage puis réduire la puissance du feu. Laisser cuire suivant votre goût (omelette plus ou moins baveuse).

Mardi

- **Midi**

1. Réchauffer ou manger froides les galettes de courgettes.
2. Faire cuire les côtes de porc (si cela n'est pas possible, le faire la veille au soir et la réchauffer).

GALETTES DE COURGETTES

Préparation : 20 min
Cuisson : 25 min
Pour 4 personnes

600 g de courgettes + 80 g de farine T80 + 2 œufs + 1 poignée de basilic + 2 gousses d'ail + Sel et poivre

> Râper les courgettes avec une grosse râpe, puis presser les courgettes râpées entre les mains, pour en extraire un maximum d'eau.

> Émincer l'ail et ciseler le basilic, puis les mettre dans un saladier.

> Y ajouter les œufs, les courgettes râpées, saler, poivrer puis mélanger. Ajouter la farine et mélanger le tout.

> Sur une plaque allant au four recouverte de papier cuisson, faire 8 petits tas du mélange obtenu, et les aplatir légèrement.

> Enfourner à 180 °C pendant 25 min.

Variante

Remplacer le basilic par de la menthe.

Soir

1. Préparer la salade du soir :
   - Découper le blanc de poulet en morceaux et les faire cuire.
   - Faire cuire des pommes de terre. Laver la quantité nécessaire de petites pommes de terre, pas besoin de les éplucher, les piquer avec une fourchette à plusieurs endroits. Les déposer dans un plat creux allant au micro-ondes, verser un petit peu d'eau. Couvrir le plat d'un film alimentaire et faire cuire 15 min à pleine puissance. Si besoin, rajouter quelques minutes supplémentaires. Une fois cuites, les peler. Puis les ajouter aux haricots verts cuits, et les assaisonner avec une vinaigrette de son choix.
2. Préparer le taboulé express du lendemain (voir recette p. 146).

Mercredi

Midi

1. Consommer le taboulé avec des maquereaux au naturel.

TABOULÉ EXPRESS

Préparation : 10 min
Repos : 20 min
Pour 4 personnes

240 g de semoule crue moyenne
+

4 tomates
+

1 concombre moyen
+
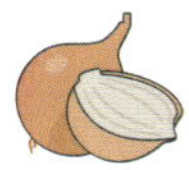
1 oignon blanc
+

Le jus de 2 citrons

4 c. à s. d'huile d'olive
+

1 bouquet de menthe
+

320 ml d'eau
+

Sel et poivre

- Dans un saladier, verser la semoule, puis l'eau et le jus de citron. Mélanger : la semoule va gonfler en 20 minutes.
- En attendant, découper les tomates, le concombre et l'oignon blanc en tout petits dés.
- Ciseler la menthe.
- Au bout des 20 minutes, ajouter dans le saladier les légumes, l'huile d'olive et la menthe. Bien mélanger. Mettre au réfrigérateur.

Variante

Rajouter du poivron et/ou des raisins secs. Remplacer la semoule par du chou-fleur, en mixant des fleurettes de chou-fleur dans un blender pour obtenir de la semoule.

Soir

1. Faire cuire les œufs à la coque et assaisonner la salade verte avec une vinaigrette de son choix.
2. Préparer les aubergines express, s'il n'est pas possible de les cuisiner le lendemain midi. Dans ce cas, une fois préparées, les laisser refroidir, puis les conserver au réfrigérateur pour le lendemain (voir recette p. 148).
3. Préparer le gaspacho.

GASPACHO

Préparation : 10 min

Pour 4 personnes

3 tomates
+

1 petit concombre
+

½ poivron
+

1 oignon

2 gousses d'ail
+

1 c. à s. d'huile
+

2 c. à s. de vinaigre de Xérès ou balsamique
+

20 feuilles de basilic

- Découper en morceaux les tomates, le petit concombre et le demi-poivron, et retirer les graines.
- Émincer l'oignon et écraser les gousses d'ail. Mettre le tout dans un blender, puis ajouter l'huile, le vinaigre et les feuilles de basilic.
- Mixer (si le mélange est trop épais, ajouter un peu d'eau froide).

Jeudi

Midi

1. Rincer puis égoutter les pois chiches en conserve, les assaisonner avec une vinaigrette de son choix.
2. Réchauffer les aubergines si elles ont été préparées la veille, ou les préparer.

AUBERGINES EXPRESS

Préparation : 10 min
Cuisson : 8 min
Pour 2 personnes

1 aubergine + Quelques tomates + 1 boule de mozzarella + 1 c. à c. d'huile d'olive + Quelques feuilles de basilic + Sel et poivre

> Laver l'aubergine, piquer sa peau avec une fourchette, puis la déposer dans un plat et la faire cuire 7 minutes au micro-ondes (puissance maximale). Vérifier la cuisson de l'aubergine en la piquant avec la pointe d'un couteau : il ne doit y avoir aucune résistance.

> Quand elle est cuite, la couper en deux dans le sens de la longueur.

> Répartir sur chaque moitié d'aubergine des rondelles de tomates et de mozzarella. Saler et poivrer, puis mettre les deux moitiés d'aubergine dans le micro-ondes pour 1 minute, le temps que la mozzarella fonde légèrement.

> Avant de les consommer, les arroser avec 1 c. à c. d'huile d'olive, et les parsemer de basilic.

Variante

Remplacer la mozzarella par du chèvre frais ou de la bûche de chèvre.

Soir

1. Préparer la salade du vendredi midi :
   - Faire cuire un morceau de filet de bœuf, puis le couper en lamelles.
   - Dans un récipient hermétique, mettre de la salade verte, des tomates cerises, des olives et des champignons de Paris frais coupés en quatre.
   - Ajouter les lamelles de bœuf (refroidies).
   - Conserver au réfrigérateur.

2. Préparer le One pot pasta de dinde.

ONE POT PASTA DE DINDE

Préparation : 10 min
Cuisson : 20 min
Pour 4 personnes

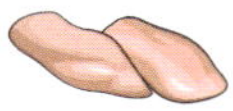
500 g de dinde
+

240 g de penne crues
+

3 tomates
+

2 belles courgettes
+
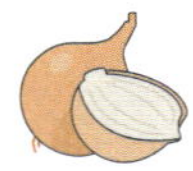
1 oignon
+

1 poivron rouge

2 c. à s. d'huile d'olive
+

120 g de parmesan
+

70 cl d'eau
+

Quelques branches de basilic
+
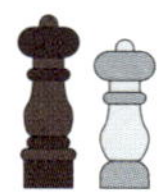
Sel et poivre

> Découper les courgettes et les tomates en dés, le poivron et l'oignon en lamelles.
> Découper la dinde en dés de 2 cm.
> Mettre les légumes, la dinde, les pâtes et l'huile d'olive dans un faitout ou une grosse casserole, ajouter l'eau, saler et mettre sur feu vif.
> Quand l'eau arrive à ébullition, baisser légèrement le feu. Compter 15 min de cuisson, en remuant très régulièrement.
> Pendant ce temps, faire des copeaux ou râper le parmesan, et émincer le basilic.
> Vérifier la cuisson des pâtes.
> Quand elles sont cuites, répartir le plat dans 4 assiettes, parsemer de parmesan, de basilic et poivrer si besoin.

Variante

Remplacer la dinde par du poulet ou du filet de porc.

Vendredi

Midi

1. Assaisonner la salade de bœuf à l'italienne avec la vinaigrette de son choix.

Soir

1. Préparer le trempage du petit épeautre pour la salade du lendemain : dans un saladier en verre, faire tremper 240 g de petit épeautre dans de l'eau froide jusqu'au lendemain soir.
2. Préparer le gratin de poisson.

GRATIN DE POISSON AUX PETITS LÉGUMES

Préparation : 15 min
Cuisson : 30 min
Pour 4 personnes

4 filets de cabillaud + 3 courgettes moyennes + 4 tomates + 1 poivron rouge + 1 oignon

1 citron bio + 4 c. à s. d'huile d'olive + Herbes de Provence + Piment d'Espelette + Sel et poivre

- Préchauffer le four à 200 °C.
- Émincer l'oignon, couper les tomates en morceaux, les courgettes en fines rondelles, le poivron en petits dés.
- Dans un plat allant au four, déposer tous les légumes, verser dessus 2 c. à s. d'huile d'olive, ajouter les herbes de Provence, saler, poivrer puis mélanger.
- Recouvrir le plat d'une feuille de papier d'aluminium (s'il ne possède pas de couvercle). Puis enfourner à 200 °C pendant 20 min.
- Retirer le plat du four, ôter le papier d'aluminium (ou le couvercle), déposer sur les légumes les filets de cabillaud, les badigeonner de l'huile d'olive restante à l'aide d'un pinceau, les saupoudrer d'un peu de piment d'Espelette.

> Couper le citron en rondelles et les répartir sur les filets.
> Remettre au four pour environ 10 min, le temps que le poisson soit cuit.

Variantes

Remplacer le cabillaud par des filets de lieu ou de saumon.
Remplacer le piment d'Espelette par du paprika.

Samedi

Midi

1. Cuisiner le couscous de poulet aux légumes.

COUCOUS DE POULET AUX LÉGUMES

Préparation : 20 min
Cuisson : 1 h
Pour 4 personnes

4 pilons de poulet et 4 hauts de cuisses
+

2 carottes
+

2 navets
+

3 courgettes bio

3 tomates
+

1 petite branche de céleri
+
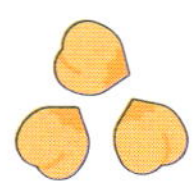
300 g de pois chiches cuits
+

200 g de semoule crue

4 c. à s. d'huile d'olive
+

2 c. à s. de ras el-hanout
+

Sel

> Peler les carottes et les navets, et les laver. Couper en rondelles les carottes, les navets et les tomates en 8. Laver les courgettes et les couper en demi-rondelles épaisses. Laver le céleri puis le couper en petits tronçons.

- Dans une cocotte, verser 2 c. à s. d'huile, y faire revenir les différents morceaux de poulet, puis déglacer avec un verre d'eau pour décoller les sucs.
- Ajouter dans la cocotte tous les légumes découpés, le ras el-hanout, saler, et bien mélanger. Laisser mijoter 30 min à couvert.
- Au bout des 30 min, ôter le couvercle, puis ajouter les pois chiches égouttés et rincés. Ajouter un peu d'eau si nécessaire. Laisser cuire à découvert 30 min supplémentaires.
- Pendant ce temps, faire cuire la semoule. Dans un saladier, mettre la semoule puis 2 c. à s. d'huile, saler et mélanger. Verser sur la semoule une quantité d'eau bouillante qui doit représenter deux fois son volume. Couvrir le saladier et laisser gonfler 15 min.
- Répartir la semoule dans 4 assiettes, puis le contenu de la cocotte. Servir immédiatement.

Astuce

Pour un couscous plus épicé, prélever un peu de bouillon de légumes, le verser dans un bol et diluer dedans de la harissa. Chacun pourra s'en servir pour assaisonner son plat, selon ses envies.

Soir

1. Cuisiner la salade au petit épeautre et aux lentilles corail.

SALADE AU PETIT ÉPEAUTRE ET AUX LENTILLES CORAIL

Préparation : 10 min
Trempage : 1 nuit
Cuisson : 20 min

Pour 4 personnes

240 g de petit épeautre sec

+

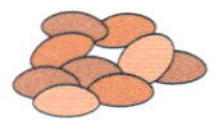

140 g de lentilles corail sèches

+

Tomates cerises

+

120 g de chèvre frais

- Faire cuire le petit épeautre qui a été trempé toute la veille. Avant la cuisson, bien le rincer et l'égoutter, puis le verser dans une casserole contenant trois fois son volume d'eau salée. Faire cuire 20 min.
- Prendre les lentilles corail sèches et les faire cuire 15 min dans une casserole contenant trois fois leur volume d'eau non salée.
- Lorsque le petit épeautre et les lentilles sont cuits, les égoutter et les mettre dans un saladier, puis ajouter les tomates cerises et le chèvre frais coupé en morceaux, et assaisonner d'une vinaigrette de son choix.

PRINTEMPS-ÉTÉ

Semaine 3

Dimanche

Gratin d'agneau
aux légumes et
pommes de terre

Salade de courgettes
crues et tomates
Œufs mollets
Pain

Lundi

Wok de bœuf aux
haricots verts
Pain

Salade de pâtes, dés
de jambon, tomate
et concombre

Mardi

Salade de pois chiches
au boulgour
et aux tomates
à l'orientale

Poivrons farcis
Salade verte

Mercredi

Poulet à la tomate et
au chèvre frais
Pâtes

Tajine d'aubergine et
haricots blancs

Jeudi

Salade de tomates
et mozzarella
Œufs durs
Pain

Papillote de poulet
et légumes d'été
Quinoa

Vendredi

Salade de quinoa aux
tomates cerises et
au concombre
Thon

Tarte à la tomate
Salade verte

Samedi

Cordon bleu maison
Frites au four
Salade verte

Salade grecque
Truite fumée
Pain

Liste de courses de la semaine 3

Légumes et fruits

› Aubergine
› Concombre
› Courgettes
› Haricots verts frais ou surgelés
› Oignons
› Oignon rouge
› Poivrons rouges ou jaunes
› Poivron vert
› Salade verte
› Tomates
› Tomates cerises

Glucides

› Chapelure
› Farine T80
› Boulgour
› Pâtes
› Quinoa
› Riz basmati
› Pain complet ou autre
› Pommes de terre

Protéines

› Blancs de poulet
› Épaule d'agneau
› Filet de bœuf
› Jambon en tranches
› Dés de jambon
› Lardons de bacon
› Œufs
› Thon au naturel
› Truite fumée
› Haricots blancs en conserve
› Pois chiches en conserve

Lipides

› Huile d'olive

Aides culinaires

› Ail
› Basilic
› Sauce soja
› Vinaigre balsamique
› Gingembre
› Paprika
› Moutarde
› Graines de sésame
› Herbes de Provence
› Thym et romarin
› Origan
› Papier cuisson

Produits laitiers ou équivalent végétal

› Cheddar
› Chèvre frais
› Feta
› Mozzarella

Sucre / Sucreries / Alcool

Batch cooking pour la semaine

Dimanche matin, on cuisine :

1. Le gratin d'agneau aux légumes pour le midi (p. 157).
2. Le wok de bœuf aux haricots verts pour lundi midi (p. 158).
3. Les poivrons farcis pour le mardi soir (p. 160).

Dimanche, on s'organise :

4. On commence par mettre le riz à cuire.
5. On découpe tous les légumes du gratin d'agneau, puis on réalise le montage du plat, et on le met au four à chaleur tournante (attention, le positionner dans le four de telle sorte qu'il y ait la place d'ajouter plus tard les poivrons farcis pour mardi soir).
6. On prépare les légumes pour la recette des poivrons farcis du mardi soir. On ajoute le riz cuit, on farcit les poivrons et on met le plat au four.
7. On prépare le wok de bœuf de lundi midi.

Dimanche, on s'avance :

8. Pendant les cuissons, on avance des préparations pour la semaine :
   - On lave et on égoutte la salade verte.
   - On fait cuire le boulgour pour le mardi midi, puis on l'égoutte et on le passe sous un filet d'eau froide pour stopper sa cuisson.
   - On conserve les légumes et le boulgour dans des boîtes hermétiques, au réfrigérateur.

Dimanche

- **Midi**

1. Cuisiner le gratin d'agneau aux légumes.

GRATIN D'AGNEAU AUX LÉGUMES

Préparation : 20 min
Cuisson : 1 h 15
Pour 4 personnes

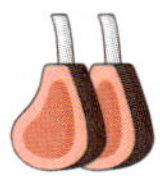
500 g d'épaule d'agneau
+

600 g de pommes de terre
+

500 g de courgettes
+

400 g de tomates

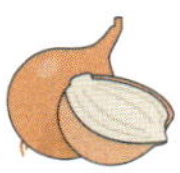
1 oignon
+

2 c. à s. d'huile d'olive
+

Des herbes de Provence
+
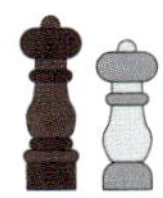
Sel et poivre

- Préchauffer le four à 200 °C.
- Découper la viande en tout petits morceaux.
- Émincer l'oignon, laver les tomates et les courgettes, puis les couper en rondelles.
- Peler les pommes de terre, les laver, puis les couper en rondelles.
- Dans un plat allant au four, former des couches successives en commençant par mettre 1/3 des courgettes au fond du plat, puis la moitié des tomates, suivie de la moitié des pommes de terre. Mettre ensuite par-dessus la moitié de la viande et de l'oignon, parsemer d'herbes de Provence, saler et poivrer. Puis continuer en mettant 1/3 des courgettes, le restant de tomates, de pommes de terre, de viande et d'oignon, assaisonner avec les herbes de Provence, saler et poivrer. Finir en déposant le reste des courgettes, puis verser dessus les 2 c. à s. d'huile et parsemer d'herbes de Provence.
- Enfourner dans le four chaud à 200 °C durant 1 h 15 environ.

Variantes

Remplacer l'agneau par du bœuf ou de la volaille.
Remplacer les herbes de Provence par du ras el-hanout ou du paprika.

Soir

1. Préparer la salade :
   - Couper les courgettes en tout petits dés et les tomates en morceaux, les mettre dans un saladier et les arroser d'une sauce vinaigrette de son choix.
   - Faire cuire les œufs mollets : dans une casserole d'eau bouillante, déposer les œufs à l'aide d'une écumoire, les laisser cuire 6 min. Les sortir à l'aide de l'écumoire et les mettre dans un saladier rempli d'eau froide pour stopper la cuisson. Puis les écaler délicatement.

Lundi

Midi

1. Réchauffer le wok de bœuf.

WOK DE BŒUF AUX HARICOTS VERTS

Préparation : 10 à 30 min
Cuisson : 25 min
Pour 4 personnes

400 g de filet de bœuf + 800 g de haricots verts frais ou surgelés + 4 c. à s. d'huile d'olive + 2 c. à s. de sauce soja

1 c. à c. de gingembre râpé + 1 gousse d'ail + Graines de sésame + Sel et poivre

- Couper en lamelles le bœuf, et les déposer dans un plat. Parsemer dessus la gousse d'ail émincé, le gingembre râpé, verser la sauce soja, et 2 c. à s. d'huile d'olive, puis mélanger et laisser reposer 30 min au réfrigérateur.
- Pendant ce temps, équeuter les haricots verts frais, et les laver (s'ils sont surgelés, sauter cette étape, ce qui fera gagner 20 min de temps de préparation).
- Faire chauffer un wok ou une sauteuse, y verser les lamelles de bœuf et sa marinade. Faire cuire la viande 5 à 6 min. La retirer et la réserver.

- Ajouter au wok les 2 c. à s. d'huile d'olive restantes et les haricots verts, les faire revenir 2 min, puis ajouter 1 verre d'eau, saler et poivrer. Mélanger régulièrement et, si besoin, ajouter un peu d'eau supplémentaire. Laisser cuire environ 15 min.
- Ajouter la viande aux haricots verts, rectifier l'assaisonnement si nécessaire, répartir dans quatre assiettes et ajouter sur le dessus quelques graines de sésame.

Variantes

Remplacer le bœuf par du poulet ou des crevettes.

Soir

1. Préparer la salade du soir :
   - Faire cuire des pâtes (prévoir la quantité nécessaire pour la salade du soir et mercredi midi). Une fois les pâtes égouttées, prélever la quantité à conserver pour mercredi, la passer sous l'eau froide pour stopper la cuisson et la mettre dans un récipient hermétique, au réfrigérateur.
   - Couper des tomates en dés (suffisamment pour la salade du soir et du lendemain midi). Couper du concombre en rondelles.
   - Dans un saladier, mettre la quantité de tomates coupées pour cette salade et la portion de pâtes prévue, puis le concombre et les dés de jambon. Assaisonner avec la vinaigrette de son choix.
2. Préparer la salade du lendemain midi :
   - Rincer puis égoutter les pois chiches en conserve.
   - Dans un plat hermétique, mélanger les tomates coupées, le boulgour déjà cuit, les pois chiches, et conserver au réfrigérateur.
   - Préparer la vinaigrette orientale (voir recette p. 86) si elle ne peut pas être préparée le lendemain, et la conserver au réfrigérateur.

Mardi

- **Midi**

1. Assaisonner la salade de pois chiches avec la vinaigrette orientale.

- **Soir**

1. Pour le repas du soir :
   - Réchauffer les poivrons farcis au four.
   - Préparer la salade verte et l'assaisonner avec la vinaigrette de son choix.
2. Préparer le poulet à la tomate et au chèvre frais du lendemain (voir recette p. 161)

POIVRONS FARCIS

Préparation : 15 min
Cuisson au four : 45 min
Pour 4 personnes

4 poivrons, de préférence rouges ou jaunes + 2 tomates + 1 oignon + 300 g de lardons de bacon + 200 g de riz basmati

2 c. à s. d'huile + 2 gousses d'ail + 1 c. à c. de paprika + Sel et poivre

> Préchauffer le four à 180 °C.

> Émincer les gousses d'ail et l'oignon, couper en petits dés les tomates.

> Dans une casserole d'eau bouillante, faire cuire le riz selon le temps indiqué sur le paquet.

> Dans une sauteuse, verser l'huile et y faire revenir l'ail, l'oignon et le bacon. Puis ajouter les dés de tomates, le paprika, saler et poivrer, puis laisser mijoter 5 min. Ajouter un peu d'eau si besoin. Une fois le feu éteint sous la sauteuse, ajouter le riz cuit et bien mélanger.

- Ôter le chapeau des poivrons, retirer toutes leurs graines à l'aide d'une cuillère, puis les farcir avec le mélange contenu dans la sauteuse. Recoiffer les poivrons de leurs chapeaux. Puis les déposer dans un plat allant au four. Ajouter un peu d'eau au fond du plat.
- Enfourner à 180 °C pendant 35 à 40 min.

Variantes

Remplacer le riz par du boulgour.
Remplacer le bacon par du jambon ou du tofu fumé.

Mercredi

Midi

1. Réchauffer le poulet et les pâtes déjà cuites.

POULET À LA TOMATE ET AU CHÈVRE FRAIS

Préparation : 10 min
Cuisson : 30 min
Pour 4 personnes

500 g de blanc de poulet

+

120 g de chèvre frais

+

Quelques rondelles de tomates

Herbes de Provence

+

2 c. à s. d'huile d'olive

+

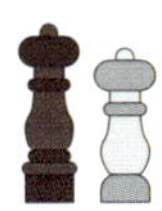

Sel et poivre

- Déposer les blancs de poulet dans un plat allant au four. Les recouvrir de chèvre frais, en l'étalant grossièrement, puis poivrer.
- Recouvrir le fromage de rondelles de tomates, saupoudrer d'herbes de Provence, saler légèrement et arroser d'huile d'olive.
- Enfourner à 180 °C pendant 30 min.

- **Soir**
  1. Faire cuire des œufs durs pour le lendemain midi.
  2. Préparer le tajine d'aubergine.

TAJINE D'AUBERGINE ET HARICOTS BLANCS

Préparation : 10 min
Cuisson : 20 min
Pour 4 personnes

800 g de haricots blancs cuits (en conserve)
+

1 grosse aubergine
+

1 oignon
+

4 tomates
+

2 c. à s. d'huile d'olive

2 gousses d'ail
+

1 c. à c. de paprika
+

Herbes de Provence
+

Sel et poivre

- Émincer les gousses d'ail et l'oignon.
- Découper en tout petits dés l'aubergine et les tomates.
- Rincer et égoutter les haricots blancs.
- Dans un plat à tajine ou une cocotte, verser l'huile et faire revenir l'ail et l'oignon pendant 5 min.
- Ajouter les dés de tomates et d'aubergines, le paprika et des herbes de Provence, saler et poivrer. Laisser mijoter 15 min.
- Puis ajouter les haricots blancs rincés et égouttés, et laisser encore 5 min sur le feu avant de servir.

Variantes

Remplacer les haricots blancs par des pois chiches.
Remplacer l'aubergine par de la courgette.
Remplacer le paprika par du cumin.

Jeudi

Midi

1. Préparer la salade :
   - Couper des tomates et de la mozzarella en tranches.
   - Dans chaque assiette, disposer les tranches de tomates et de mozzarella en les faisant se chevaucher en alternance, déposer dessus quelques feuilles de basilic, verser un petit filet d'huile d'olive et de vinaigre balsamique, saler et poivrer.
   - Écaler les œufs durs et les couper en 4, puis les ajouter dans chaque assiette.

Soir

1. Faire cuire du quinoa – suffisamment pour accompagner le poulet en papillote et pour la salade du lendemain. La portion de quinoa prévue pour la salade du lendemain sera passée sous l'eau froide pour stopper sa cuisson, puis bien égouttée, et conservée au réfrigérateur dans un récipient hermétique pour le lendemain.
2. Préparer la papillote de poulet.

PAPILLOTE DE POULET AUX LÉGUMES D'ÉTÉ

Préparation : 10 min
Cuisson : 20 min
Pour 4 personnes

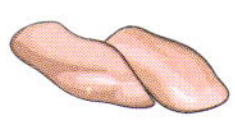
500 g de blanc de poulet
+

2 belles courgettes
+

4 tomates

2 gousses d'ail
+

Herbes de Provence
+
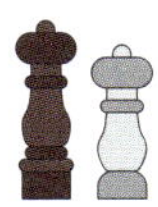
Sel et poivre

- Émincer les deux gousses d'ail. Couper les blancs de poulet et les courgettes en dés de 2 cm, les tomates en 8 morceaux.
- Sur 4 feuilles de papier cuisson, répartir les légumes, les gousses d'ail et les blancs de poulet. Saler, poivrer et parsemer d'herbes de Provence.
- Fermer les papillotes et les déposer dans un plat allant au four.
- Enfourner le plat à 180 °C pendant 20 min.

Variantes

Remplacer le poulet par de la dinde ou du pavé de saumon.

Vendredi

Midi

1. Préparer la salade en mélangeant au quinoa des tomates cerises, du concombre coupé en morceaux et du thon au naturel égoutté. Assaisonner avec la vinaigrette de son choix.

Soir

1. Préparer de la salade verte et l'assaisonner avec la vinaigrette de son choix.
2. Préparer la tarte à la tomate.

TARTE À LA TOMATE

Préparation : 10 min – Repos : 30 min
Cuisson : 45 min

Pour 4 personnes

Pour la pâte brisée

220 g de farine
+

40 ml d'huile d'olive
+

80 ml d'eau

Pour la garniture

2 tomates
+

120 g de mozzarella
+

2 c. à s. de moutarde
+

Thym et romarin
+
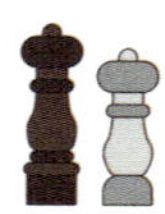
Sel et poivre

- Préparer la pâte en mélangeant tous les ingrédients de la pâte, former une boule et la laisser reposer 30 min au réfrigérateur avant de l'étaler.
- Découper en tranches les tomates et la boule de mozzarella.
- Une fois la pâte étalée à la taille du moule, la déposer dans celui-ci, puis, à l'aide d'une fourchette, piquer le fond de la tarte.
- Étaler la moutarde sur le fond de la tarte, puis disposer dessus les rondelles de tomates en les faisant se chevaucher légèrement. Répartir ensuite la mozzarella en glissant des morceaux entre deux tranches de tomates.
- Saler, poivrer et parsemer le dessus de thym et de romarin.
- Enfourner à 180 °C pendant 40 à 45 min en positionnant la grille sur le niveau le plus bas du four (cela permet de bien saisir la pâte et d'éviter qu'elle ne reste trop humide).

Variante

Remplacer la mozzarella par du chèvre frais.

Samedi

Midi

1. Cuisiner les frites au four (pour 4 personnes) :
   - Peler, laver puis couper en bâtonnets 600 g de pommes de terre.
   - Les déposer dans un saladier, puis ajouter 4 c. à s. d'huile d'olive et, au choix, ajouter des herbes de Provence, du paprika ou du curry... Bien mélanger.
   - Dans une lèchefrite, déposer une feuille de papier cuisson, puis étaler dessus les frites en évitant qu'elles se chevauchent trop. Enfourner à 200 °C pendant 40 min.
2. Préparer de la salade verte en ajoutant la vinaigrette de son choix.
3. Puis cuisiner les cordons bleus :

CORDONS BLEUS

Préparation : 15 min
Cuisson : 20 min
Pour 4 personnes

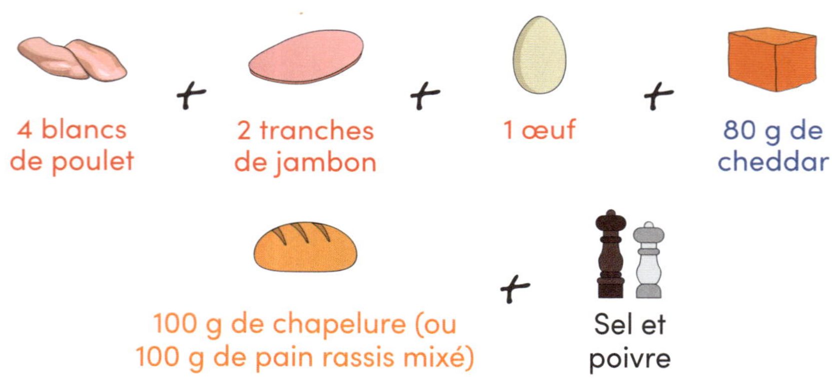

> Préchauffer le four à 200 °C.
> Fendre les blancs de poulet dans leur longueur (attention, ne pas séparer les blancs en deux morceaux, mais bien s'arrêter juste avant, pour obtenir une escalope), saler et poivrer l'intérieur.
> Déposer sur la moitié de chaque blanc une demi-tranche de jambon puis 20 g de cheddar coupé en lamelles, et refermer. Renouveler cette opération pour tous les blancs.
> Dans une assiette, battre l'œuf avec du sel et du poivre.
> Dans une autre assiette, déposer la chapelure.

› Tremper chaque blanc de poulet d'abord dans l'œuf battu, puis dans l'assiette contenant la chapelure (bien le retourner dans l'assiette pour que la chapelure recouvre tout le blanc).
› Recouvrir une plaque allant au four d'un morceau de papier cuisson, et déposer dessus tous les blancs de poulet panés.
› Enfourner à 200 °C, durant la cuisson des frites, pour 20 min. Les retourner en milieu de cuisson.

Variantes

Remplacer le cheddar par du gruyère ou de l'emmental.

Soir

1. Préparer la salade grecque (pour 4 personnes) :
   - Découper en morceaux 3 tomates, 1 concombre, 1 poivron vert, 150 g de feta et émincer 1 oignon rouge.
   - Mettre le tout dans un saladier, ajouter 20 olives noires et de l'origan, puis assaisonner avec une vinaigrette à l'huile d'olive.
   - Cette salade accompagnera de la truite fumée.

PRINTEMPS-ÉTÉ

Semaine 4

Dimanche

Aubergines farcies
Salade verte
Pain

Sardines grillées
Tomates provençales
Semoule

Lundi

Chakchouka aux œufs
Salade verte
Pain

Émincés de poulet
Pâtes aux courgettes

Mardi

Clafoutis de tomates au tofu
Salade verte

Cabillaud à la provençale
Riz basmati

Mercredi

Riz cantonais

Bruschetta de tomate et mozzarella
Salade de lentilles

Jeudi

Escalope de poulet
Haricots verts
Pain

Crevettes sauce soja et miel
Nouilles
Salade verte

Vendredi

Magrets de canard séchés, salade verte et tartine de chèvre chaud

Brochettes d'agneau au barbecue
Ratatouille express

Samedi

Hamburger maison (recette buns)
Salade verte

Œufs cocotte ratatouille
Carottes râpées
Pain

Liste de courses de la semaine 4

Légumes et fruits
- Aubergines
- Carottes
- Courgettes
- Haricots verts frais ou surgelés
- Tomates
- Oignons
- Oignon rouge
- Petits pois frais ou surgelés
- Poivron rouge
- Poivron vert
- Salade verte
- Citron

Glucides
- Farine T80
- Pain complet ou autre
- Pain de campagne
- Pâtes
- Nouilles
- Semoule moyenne
- Maïzena
- Riz basmati

Protéines
- Blancs de poulet
- Steak haché à 5 %
- Viande hachée à 5 %
- Selle d'agneau
- Œufs
- Dés de jambon
- Filets de magret séchés
- Sardines fraîches
- Filets de cabillaud
- Crevettes crues décortiquées
- Tofu ferme nature
- Lentilles en conserve

Aides culinaires
- Ail
- Basilic
- Persil
- Herbes de Provence
- Ras el-hanout
- Cumin
- Sauce soja
- Levure de boulanger sèche ou levure fraîche
- Graines de sésame
- Moutarde
- Ketchup
- Piques à brochette

Lipides
- Huile d'olive
- Beurre
- Olives noires
- Huile de sésame

Produits laitiers ou équivalent végétal
- Cheddar
- Bûche de chèvre
- Chèvre frais
- Gruyère
- Mozzarella
- Lait ½ écrémé
- Boisson au soja nature

Sucre / Sucreries / Alcool
- Miel
- Sucre

Batch cooking pour la semaine

Dimanche matin, on cuisine :

1. Les aubergines farcies pour le midi (p. 171).
2. Les légumes pour la chakchouka de lundi midi (p. 173).
3. Le clafoutis de tomates au tofu pour le mardi midi (p. 174).

Dimanche, on s'organise :

4. On prépare en premier le clafoutis pour le mardi midi et la cuisson des aubergines pour le dimanche midi.
5. On prépare la farce des aubergines.
6. On prépare les tomates provençales du dimanche soir, que l'on mettra au four une fois les aubergines cuites.
7. On prépare les légumes de la chakchouka pour le lundi midi et on la met à mijoter.
8. Une fois que le clafoutis et les tomates provençales sont sortis du four, on met le four en position gril et on enfourne les aubergines farcies.

Dimanche, on s'avance :

9. Pendant les cuissons, on avance des préparations pour la semaine :
   - On lave et égoutte la salade verte.
   - On conserve la salade dans une boîte hermétique, au réfrigérateur.

Dimanche

Midi

1. Préparer la salade verte et l'assaisonner avec une vinaigrette de son choix.
2. Cuisiner les aubergines farcies.

AUBERGINES FARCIES

Préparation : 15 min
Cuisson : 40 min
Pour 4 personnes

400 g de viande hachée à 5 % de matières grasses
+

8 tomates
+

4 aubergines
+
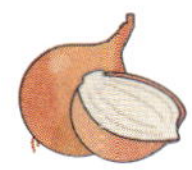
1 oignon

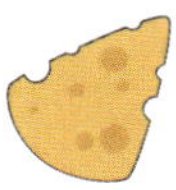
120 g de gruyère râpé
+

4 c. à s. d'huile d'olive
+

2 gousses d'ail
+

Herbes de Provence
+
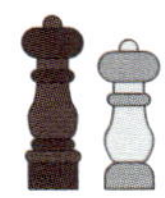
Sel et poivre

- Préparer les aubergines : les laver, puis les couper en deux dans le sens de la longueur. À l'aide d'un couteau, fendre la chair de chaque moitié d'aubergine en formant un quadrillage, sans couper jusqu'à la peau (cela facilitera la cuisson).
- Ensuite, déposer les aubergines dans un plat allant au four et, à l'aide d'un pinceau, badigeonner leur chair avec 2 c. à s. de l'huile d'olive. Mettre au four à 180 °C en chaleur tournante, pendant 30 min.
- Pendant ce temps, préparer la farce : dans une sauteuse, faire revenir la viande hachée dans les 2 c. à s. d'huile restante, puis la retirer et la réserver. Mettre un peu d'eau dans la sauteuse puis ajouter l'oignon émincé et le faire fondre. Ajouter les tomates découpées en petits dés, l'ail émincé et les herbes de Provence, saler et poivrer, et laisser mijoter 20 min, puis ajouter la viande hachée et mélanger.
- Quand les aubergines sont cuites, prélever la chair à l'aide d'une cuillère à soupe (prendre soin de ne pas déchirer la peau). Ajouter les morceaux de chair d'aubergine dans la sauteuse, et mélanger.

> Farcir les peaux d'aubergines avec le mélange contenu dans la sauteuse, parsemer sur le dessus le gruyère, et mettre au four position gril pendant 10 min.

Variantes

Remplacer les aubergines par des courgettes.
Remplacer les herbes de Provence par du paprika et du cumin.

Soir

1. Faire griller les sardines au barbecue ou sur un gril.
2. Faire cuire de la semoule : dans un saladier, mettre la quantité nécessaire de semoule, ajouter 2 c. à s. d'huile, saler et mélanger. Puis verser sur la semoule deux fois son volume d'eau bouillante. Couvrir le saladier et laisser gonfler 15 min.
3. Consommer les tomates provençales froides ou réchauffées.

TOMATES PROVENÇALES

Préparation : 10 min – Cuisson : 15 min

Pour 4 personnes

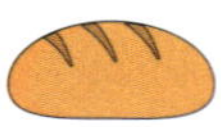
40 g de pain rassis
+

1 gousse d'ail
+

Herbes de Provence
+

2 c. à s. d'huile d'olive
+

4 tomates

> Confectionner une chapelure aromatisée en mixant le pain rassis avec la gousse d'ail et les herbes de Provence. Ajouter l'huile d'olive et mélanger.

> Couper les tomates en deux, et retirer les graines. Les déposer dans un plat allant au four et étaler sur le dessus la chapelure aromatisée. Verser un tout petit peu d'eau au fond du plat.

> Enfourner à 180 °C pendant 10 à 15 min.

Lundi

Midi

1. Réchauffer la préparation chakchouka. Quand elle est chaude, casser les œufs sur les légumes et laisser cuire 5 min, le temps que les blancs soient cuits.

CHAKCHOUKA

Préparation : 10 min
Cuisson : 30 min
Pour 4 personnes

8 tomates + 1 poivron rouge + 1 poivron vert + 1 oignon + 4 œufs

2 c. à s. d'huile d'olive + 2 gousses d'ail + 1 c. à c. de ras el-hanout + Sel et poivre

- Émincer l'ail et l'oignon, couper les tomates en morceaux et les poivrons en lamelles.
- Dans une sauteuse, verser l'huile, puis faire revenir l'ail et l'oignon. Ajouter les morceaux de tomates et les lamelles de poivrons, ainsi que le ras el-hanout, saler et poivrer. Couvrir et laisser mijoter 20 min.
- Laisser refroidir la préparation et la conserver au réfrigérateur. Les légumes, une fois préparés, seront conservés au réfrigérateur jusqu'à ce qu'ils soient utilisés pour terminer la recette.
- Pour finir la recette, réchauffer les légumes dans une poêle. Quand ils sont chauds, former à l'aide d'une cuillère 4 creux, y casser dans chacun 1 œuf et laisser cuire 5 minutes le temps que les blancs soient cuits.

Variantes

Remplacer le ras el-hanout par du paprika.
Pour une version épicée, ajouter un petit piment ou du piment d'Espelette.

Soir

1. Préparer le repas du soir :
   - Faire cuire les pâtes en respectant les indications sur le paquet.
   - Couper les blancs de poulet en lamelles, les faire griller avec 2 c. à s. d'huile dans une poêle. Les retirer quand ils sont cuits et les réserver. Ajouter un peu d'eau dans la poêle et, à l'aide d'une cuillère en bois, décollez les sucs. Ajouter des courgettes coupées en dés, saler et poivrer, et laisser cuire 5 à 10 min.
   - Émincer du basilic, puis l'ajouter dans la poêle, avec les pâtes cuites égouttées, et mélanger. Servir aussitôt pour accompagner les blancs de poulet grillés.

Mardi

Midi

1. Réchauffer ou consommer froid le clafoutis.
2. Assaisonner la salade avec la vinaigrette de son choix.

CLAFOUTIS DE TOMATES AU TOFU

Préparation : 15 min
Cuisson : 40 min
Pour 4 personnes

4 œufs + 100 g de tofu ferme nature + 120 g de maïzena + 300 ml de boisson au soja + 100 g de chèvre frais

4 tomates + Olives noires + Quelques feuilles de basilic + Sel et poivre

- Préchauffer le four à 180 °C.
- Ciseler le basilic. Découper les tomates en dés en supprimant les graines. Dénoyauter les olives puis les découper en morceaux.
- Dans une assiette, écraser à la fourchette le tofu et le chèvre frais.
- Dans un saladier, battre les œufs en omelette, ajouter la maïzena en fouettant bien pour faire disparaître les grumeaux, puis ajouter la boisson au soja, et mélanger. Incorporer ensuite le contenu de l'assiette, les dés de tomates, le basilic et les olives, saler et poivrer.
- Verser la préparation dans un moule en silicone ou un moule à gâteau antiadhésif.
- Enfourner à 180 °C pendant 30 à 40 min, suivant la taille du plat.
- À consommer aussi bien froid que chaud.

Variantes

Remplacer la tomate par des dés de courgette.
Remplacer le basilic par du curry.

Soir

1. Faire cuire en même temps le riz basmati pour le repas du soir et pour le riz cantonais du lendemain midi.
2. Préparer le riz cantonais (voir recette p. 176) pour le lendemain midi.
3. Préparer le cabillaud à la provençale.

CABILLAUD À LA PROVENÇALE

Préparation : 10 min
Cuisson : 20 min
Pour 4 personnes

4 filets de cabillaud + Un peu de farine + 2 c. à s. d'huile d'olive + 4 tomates

1 gousse d'ail + Quelques olives noires + Herbes de Provence + Sel et poivre

- Saler et poivrer les filets de cabillaud. Verser la farine dans une assiette creuse, et passer dedans les filets pour les fariner.
- Verser l'huile d'olive dans une sauteuse, et y déposer les filets.
- Les retourner au bout de 30 secondes et les recouvrir des tomates coupées en petits dés, de la gousse d'ail émincée et des olives noires. Parsemer d'herbes de Provence. Couvrir et laisser mijoter pendant 15 min.
- Servir chaud, accompagné du riz basmati.

Mercredi

Midi

1. Assaisonner le riz cantonais si cela n'a pas été fait la veille.

RIZ CANTONAIS

Préparation : 5 min
Cuisson à l'eau : 15 min
Cuisson au micro-ondes : 4 min
Pour 4 personnes

200 g de riz basmati cru

\+

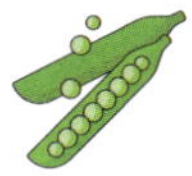

200 g de petits pois frais ou surgelés

\+

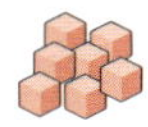

150 g de dés de jambon

\+

6 œufs

4 c. à s. d'huile de sésame

\+

2 c. à s. de sauce soja

\+

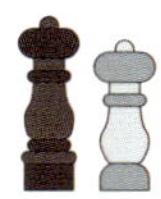

Sel et poivre

- Faire cuire le riz dans de l'eau bouillante, en respectant le temps de cuisson indiqué sur le paquet.
- Faire cuire les petits pois frais écossés ou les petits pois surgelés dans de l'eau bouillante pendant environ 7 min.
- Dans une assiette creuse, casser les œufs et les battre en omelette, saler et poivrer.
- Mettre l'assiette au micro-ondes 1 min à la puissance maximale, mélanger les parties cuites et non cuites, puis remettre 1 min et mélanger – répéter l'opération jusqu'à ce que les œufs soient cuits. Couper l'omelette en morceaux.
- Dans un saladier, verser le riz et les petits pois égouttés, ainsi que les morceaux d'omelette et les dés de jambon. Assaisonner avec l'huile de sésame, la sauce soja, puis saler et poivrer. Conserver au réfrigérateur.

Variantes

Remplacer le jambon par des dés de poulet ou des petites crevettes.

Soir

1. Préparer une salade de lentilles en conserve. Rincer et égoutter les lentilles, puis les assaisonner de la vinaigrette de son choix.
2. Préparer le repas du lendemain :
   - Faire cuire les haricots verts frais, les équeuter et les mettre dans un grand volume d'eau – compter 10 à 12 min à partir du moment où l'eau entre en ébullition ; si les haricots verts étaient surgelés, compter seulement 5 à 7 min.
   - Faire griller les blancs de poulet.
3. Préparer les bruschettas.

BRUSCHETTAS

Préparation : 10 min
Cuisson : 5 min
Pour 4 personnes

4 tomates + 1 boule de mozzarella + 4 tranches de pain de campagne + Herbes de Provence + 4 c. à c. d'huile d'olive + Quelques feuilles de basilic

> Couper en fines tranches les tomates et la boule de mozzarella.
> Sur une plaque de cuisson, déposer les belles tranches de pain de campagne. Répartir dessus les tranches de tomates et de mozzarella, parsemer d'herbes de Provence et arroser d'huile d'olive.
> Mettre le four sur position gril, puis enfourner 5 min. À la sortie du four, ajouter quelques feuilles de basilic, et déguster aussitôt.

Jeudi

Midi

1. Réchauffer le poulet et les haricots verts avec un peu de beurre et de persil ciselé, saler et poivrer.

Soir

1. Faire cuire des nouilles.
2. Préparer la salade verte avec la vinaigrette de son choix.

3. Cuisiner les crevettes sauce soja et miel :

CREVETTES SAUCE SOJA ET MIEL

Préparation : 5 min
Repos : 15 min
Cuisson : 1 min 30

Pour 4 personnes

500 g de crevettes crues décortiquées + 20 g de miel + 2 c. à s. d'huile d'olive + 30 ml de sauce soja + 2 gousses d'ail + Poivre

- Dans un plat hermétique, préparer une marinade en mélangeant : la sauce soja, le miel, l'ail et le poivre. Bien mélanger puis ajouter les crevettes décortiquées, et mélanger à nouveau. Fermer le plat et le mettre au réfrigérateur 15 min.
- Une fois le temps de repos écoulé, verser l'huile dans une poêle, y déposer les crevettes (en les retirant au fur à mesure de la marinade), puis les retourner au bout de 40 secondes.
- Ajouter alors la marinade, et laisser mijoter entre 1 min et 1 min 30, le temps que les crevettes soient cuites.
- Servir immédiatement avec les nouilles.

Variante

Pour une version épicée, ajouter une ½ c. à c. d'un mélange quatre-épices au moment de préparer la marinade.

Vendredi

Midi

1. Préparer la salade verte en l'assaisonnant de la vinaigrette de son choix. Ajouter dessus les filets de magret séchés. Déposer des morceaux de bûche de chèvre sur des tranches de pain de campagne, parsemer d'herbes de Provence, passer au gril ou au micro-ondes pour faire fondre le fromage, et déguster immédiatement.

Soir

1. Préparer les brochettes (pour 4 personnes) :
   - Préparer une marinade en mélangeant le jus d'un citron, 2 c. à s. d'huile d'olive, 1 c. à c. de cumin et du persil ciselé.
   - Découper 400 g de selle d'agneau en dés de 2 cm.
   - Dans un récipient hermétique, déposer les morceaux de viande et la marinade, mélanger et laisser reposer au moins 30 min.
   - Prendre des piques à brochette et enfiler les morceaux de viande. Faire cuire au barbecue, au four ou sur un gril.
2. Préparer la ratatouille express – en faire suffisamment pour le repas du soir et pour qu'il en reste pour les œufs cocotte du lendemain :

RATATOUILLE EXPRESS

Préparation : 10 min
Cuisson : 25 min
Pour 4 personnes

2 courgettes
+

1 aubergine
+

2 tomates
+
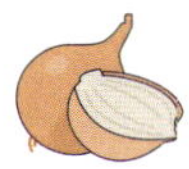
1 oignon

2 c. à s. d'huile d'olive
+

2 gousses d'ail
+

Herbes de Provence
+
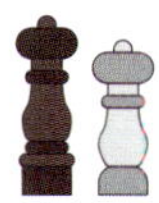
Sel et poivre

> Couper en dés les courgettes et l'aubergine. Couper en 8 les tomates.
> Émincer les gousses d'ail et l'oignon.
> Dans une poêle antiadhésive, verser l'huile d'olive et faire revenir l'oignon 2 min, puis ajouter tous les légumes, l'ail et les herbes de Provence. Saler et poivrer.
> Couvrir et laisser mijoter 20 min en remuant régulièrement (ajouter si nécessaire un peu d'eau si cela a tendance à attacher).

Variante

Ajouter du poivron en lamelles.

Samedi

Midi

1. Préparer les pains burger (attention, anticiper les temps de repos de la pâte) :

PETITS PAINS BURGER (BUNS)

Préparation : 10 min – Repos : 2 h
Cuisson : 15 min
Pour 4 personnes

250 g de farine T80 + 1 œuf + 15 g de beurre + 10 g de sucre + 35 ml de lait ½ écrémé tiède

100 ml d'eau tiède + 5 g de levure de boulanger ou 10 g de levure fraîche + 1 c. à c. de sel + Des graines de sésame

- Dans un petit bol, casser l'œuf et le battre en omelette.
- Dans un autre petit bol, mettre la levure puis verser l'eau tiède dessus. Laisser reposer quelques minutes, le temps que la levure soit dissoute, puis mélanger.
- Dans un saladier, verser la farine, puis ajouter le sel et mélanger. Former un puits et y ajouter le lait, l'eau, le sucre, le beurre ramolli, l'eau avec la levure et la moitié de l'œuf battu (réserver l'autre moitié).
- Ramener de la farine au fur et à mesure dans le puits, en mélangeant avec une cuillère. Former une boule puis la pétrir quelques minutes. La remettre dans le saladier et la couvrir d'un torchon. Laisser reposer la pâte entre 1 h 30 et 2 h.
- Écraser la pâte pour en faire sortir le gaz, la partager en 4 parts égales, puis former 4 boules. Les déposer sur une plaque de cuisson allant au four. Aplatir légèrement les boules, les couvrir d'un torchon et les laisser reposer 30 min.
- Prendre le bol du demi-œuf battu, y ajouter 1 c. à c. d'eau et battre jusqu'à ce que le mélange devienne mousseux. Retirer le torchon des petits pains puis, à l'aide d'un pinceau, les badigeonner d'œuf sur le dessus, puis le parsemer de graines de sésame.
- Les enfourner à 180 °C pendant 15 min.
- Une fois cuits, les déposer sur une grille pour les laisser refroidir.

Variante

Remplacer les graines de sésame par des graines de pavot.

2. Cuisiner les hamburgers.

HAMBURGERS

Préparation : 15 min
Cuisson : 10 min
Pour 4 personnes

2 tomates
+

1 oignon rouge
+

4 steaks hachés à 5 % de matières grasses
+
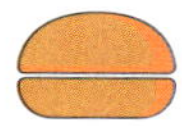
4 pains hamburger (voir recette p. 180)

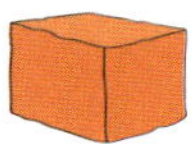
4 tranches de cheddar
+

Un peu de moutarde
+

Un peu de ketchup
+

Un peu de salade verte

> Couper les tomates et l'oignon rouge en fines tranches.
> Faire cuire les steaks hachés, couper les buns en deux et les toaster légèrement, puis tartiner de moutarde chaque partie plane et y déposer la viande cuite, puis la recouvrir d'une tranche de cheddar, et y ajouter dessus des tranches de tomate et d'oignon, ainsi qu'un peu de salade verte.
> Sur la partie du pain qui vient sur le dessus, ajouter un peu de ketchup, puis refermer le hamburger.

Soir

1. Préparer les œufs cocotte (pour 4 personnes) :
   - Répartir le restant de ratatouille express dans quatre petits plats individuels, puis casser sur le dessus de chacun un ou deux œufs.
   - Prendre un grand plat allant au four, y verser un peu d'eau, puis y déposer les quatre petits plats individuels.
   - Enfourner le plat (four préchauffé) à 150 °C pendant 10 à 12 min.
2. Préparer des carottes râpées et les assaisonner avec la vinaigrette de son choix.

AUTOMNE-HIVER

Semaine 1

Dimanche

Veau
à la fondue de poireaux
Riz basmati

Soupe de légumes
Blancs de poulet grillés
Pain

Lundi

Salade d'endives au gruyère, croûtons, pomme et noix
Œufs durs

Curry de bœuf aux pommes de terre et aux légumes

Mardi

Escalope de dinde grillée
Pâtes en sauce tomate
Salade verte en vinaigrette

Gratin de saumon et chou-fleur
Pain

Mercredi

Thon grillé
Quinoa et haricots verts

Soupe à la carotte, au curry et à la crème de coco
Œufs mollets
Pain

Jeudi

Salade de lentilles, figues fraîches, mâche et chèvre frais
Pain

Tortilla à la pomme de terre et au potimarron
Salade verte en vinaigrette

Vendredi

Buddha bowl au poulet mariné à l'huile d'olive, au thym et au citron
Riz et brocoli

Endives au jambon
Pain

Samedi

Papillotes de cabillaud aux carottes et aux olives
Blé

Bruschetta au potimarron, bleu d'auvergne et noix
Salade de haricots rouges en vinaigrette

Liste de courses de la semaine 1

Légumes et fruits

› Brocoli
› Carottes
› Chou-fleur frais ou surgelé
› Endives
› Haricots verts en conserve ou surgelés
› Mâche
› Oignons
› Petits pois surgelés
› Poireaux
› Potimarron
› Salade verte
› Tomates concassées en conserve
› Citrons
› Figues fraîches
› Pommes

Sucre Sucreries Alcool

› Miel
› Vin blanc

Glucides

› Blé (Ebly)
› Maïzena
› Pain complet
› Pain de campagne
› Pâtes
› Pommes de terre
› Quinoa
› Riz basmati
› Croûtons

Aides culinaires

› Ail
› Bouquet garni
› Thym
› Curry
› Curcuma
› Cumin
› Paprika fumé
› Noix de muscade
› Herbes de Provence
› Bouillon de légumes bio déshydraté
› Sauce soja
› Papier cuisson

Protéines

› Œufs
› Escalope de dinde
› Blancs de poulet
› Épaule de veau
› Viande hachée à 5 %
› Tranches de jambon
› Pavés de saumon
› Pavés de cabillaud
› Filets de thon
› Lentilles en conserve
› Haricots rouges en conserve ou secs

Lipides

› Crème fraîche liquide bio à 15 % ou crème végétale liquide
› Crème de coco
› Huile d'olive
› Huile de sésame
› Noix
› Olives noires à la grecque dénoyautées

Produits laitiers ou équivalent végétal

› Chèvre frais › Bleu d'auvergne › Gruyère en bloc ou râpé
› Lait demi-écrémé ou boisson végétale (avoine, soja)

Batch cooking pour la semaine

Dimanche matin, on cuisine :

1. Le veau à la fondue de poireaux pour le midi (p. 185).
2. Le curry de bœuf du lundi soir (p. 187).
3. Le gratin de saumon et chou-fleur pour le mardi soir (p. 188).

Dimanche, on s'organise :

4. On commence par cuisiner le veau, qui a le temps de cuisson le plus long.
5. On découpe ensuite tous les légumes de la recette du curry de lundi soir et de celle du gratin de mardi soir. On prévoit juste d'en découper un peu plus, que l'on utilisera pour confectionner la soupe.
6. On met à cuire le chou-fleur, puis on utilise le feu pour cuisiner le curry de mardi soir.
7. On termine le gratin de chou-fleur et on le met au four.
8. On coupe du pain en petits cubes que l'on fait griller pour en faire des croûtons.
9. Quand le veau est cuit, on met à cuire à la place les légumes pour la soupe (p. 186).
10. Quand la cuisson du curry est terminée, on met à cuire le riz pour midi.

Dimanche, on s'avance :

11. On prépare la salade d'endives du lendemain (pour 1 personne) :
    - Couper 1 endive et 1 portion de gruyère en petit morceaux, les verser dans un saladier puis y ajouter des croûtons et des noix. Faites cuire des œufs durs, et les écaler.

- Conserver tout cela dans une boîte hermétique.

12. Pendant les cuissons, on avance des préparations pour la semaine :
    - Laver et égoutter la salade de mâche et la salade verte.
    - Éplucher et laver les carottes pour la soupe de mercredi.
    - Conserver les légumes dans des boîtes hermétiques au réfrigérateur.

Dimanche

Midi

1. Faire cuire du riz basmati.
2. Préparer le veau à la fondue de poireaux :

VEAU À LA FONDUE DE POIREAUX

Préparation : 15 min
Cuisson : 1 h
Pour 4 personnes

600 g d'épaule de veau + 800 g de poireaux + 25 cl de crème fraîche liquide à 15 % ou de crème d'avoine + 15 cl de vin blanc + 1 bouquet garni + Sel et poivre

> Laver les poireaux, puis les découper en rondelles.
> Découper la viande en cubes de 2 cm.
> Dans une sauteuse préalablement chauffée, ajouter les morceaux de viande en évitant qu'ils se chevauchent (ne pas les retourner avant qu'ils se soient décollés tout seuls). Les faire dorer de chaque côté, puis déglacer en ajoutant le vin blanc. Laisser à feu vif 1 min.
> Ajouter ensuite les poireaux, le bouquet garni, saler et poivrer. Couvrir et baisser le feu. Faire encore mijoter 40 min en vérifiant qu'il reste toujours du liquide dans la sauteuse (si besoin, ajouter un peu d'eau).
> Au bout des 40 min, ajouter la crème et laisser cuire encore 15 min sans couvercle, à feu doux.

Variante

Remplacer le veau par du blanc de poulet ou de la dinde.

- **Soir**

1. Faire griller le blanc de poulet.
2. Préparer la soupe de légumes (pour 4 personnes) :
   - Laver et découper en morceaux 600 g de légumes. Les mettre dans une casserole avec 900 ml d'eau et 2 c. à c. de bouillon de légumes déshydratés, poivrer, puis laisser mijoter 20 min, le temps que tous les légumes soient cuits. Pour finir, mixer et rectifier l'assaisonnement si nécessaire.

Astuce

Si la portion de fromage n'a pas encore été consommée dans la journée, elle peut être ajoutée dans la soupe.

Lundi

- **Midi**

1. Ajouter à la salade d'endives une pomme découpée en morceaux et la sauce vinaigrette de son choix, puis ajouter les œufs durs.

Variantes

Varier les plaisirs en remplaçant le gruyère par du roquefort, du comté ou de la mimolette. Ou la pomme par de la poire ou de la clémentine.

- **Soir**

1. Préparer le repas du lendemain midi :
   - Faire cuire les pâtes puis les égoutter et les passer immédiatement sous l'eau froide pour stopper leur cuisson. Les conserver dans un récipient hermétique au réfrigérateur.
   - Réaliser une sauce tomate express au micro-ondes (p 91). Quand elle est refroidie, l'ajouter aux pâtes, puis fermer le récipient et le conserver au réfrigérateur.
   - Faire griller l'escalope de dinde (si cela n'est pas possible le lendemain), et l'ajouter, une fois froide, au récipient contenant les pâtes.
2. Réchauffer le curry de bœuf.

CURRY DE BŒUF

Préparation : 10 min

Cuisson : 35 min

Pour 4 personnes

500 g de viande hachée à 5% de matières grasses + 4 carottes + 1 oignon + 400 g de petits pois surgelés

500 g de pommes de terre + 1 c. à s. de maïzena + 2 c. à s. d'huile d'olive + 2 gousses d'ail

1 c. à s. de curry + 1 c. à c. de curcuma + 1/2 c. à c. de cumin + Sel et poivre

- Émincer l'oignon et hacher les gousses d'ail.
- Couper les pommes de terre et les carottes en petits dés.
- Faire cuire les petits pois en les plongeant dans l'eau bouillante pendant 5 min.
- Dans une cocotte, mettre les 2 c. à s. d'huile, l'oignon et l'ail, remuer le temps que l'oignon devienne translucide, puis ajouter les dés de pommes de terre et de carottes, mélanger et laisser cuire 10 min (ajouter un peu d'eau si besoin). Saler légèrement et poivrer.
- Au bout des 10 min, ajouter la viande hachée. Mélanger et faire dorer la viande.
- Ajouter toutes les épices, et mélanger.
- Verser dans la cocotte les petits pois cuits égouttés.
- Ajouter 500 ml d'eau (elle doit recouvrir les aliments).
- Dans un petit bol, mettre la maïzena, ajouter un peu d'eau et mélanger avec une cuillère pour préparer le liant, puis l'ajouter dans la cocotte, bien mélanger, couvrir et laisser mijoter 10 à 15 min, le temps que les légumes soient cuits.

Variante

Pour une version végétarienne, remplacer la viande hachée par des protéines de soja texturées, qui auront été réhydratées au préalable.

Mardi

Midi

1. Réchauffer les pâtes en sauce tomate et l'escalope de dinde (ou la faire cuire si ça n'a pas été fait).
2. Préparer la salade verte en ajoutant la sauce vinaigrette de son choix.

Soir

1. Préparer le repas du lendemain midi :
   - Faire cuire le quinoa.
   - Faire cuire le thon avec de l'huile de sésame dans une poêle. Quand il est cuit, le retirer puis verser dans la poêle un peu de sauce soja et d'ail émincé, et laisser cuire 1 min à feu doux. Puis ajouter dans la poêle le quinoa cuit et les haricots verts (s'ils sont en conserve, les égoutter et les rincer avant ; s'ils sont surgelés, les faire cuire avant à la vapeur ou au micro-ondes) et laisser cuire pendant 2 min. Saler et poivrer.
2. Réchauffer le gratin de saumon et chou-fleur.

GRATIN DE SAUMON ET CHOU-FLEUR

Préparation : 10 min
Cuisson : 40 min
Pour 4 personnes

800 g de chou-fleur frais ou surgelé

\+

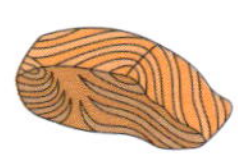
480 g de pavés de saumon

\+

25 cl de crème fraîche liquide à 15 % ou de crème d'avoine

80 g de gruyère râpé

\+

Noix de muscade

\+

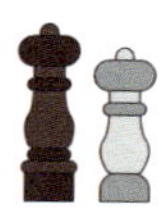
Sel et poivre

- Séparer les fleurs du chou-fleur s'il est frais, les plonger (fraîches ou surgelées) dans de l'eau bouillante, et faire cuire 20 min (contrôler la cuisson à l'aide de la pointe d'un couteau : il doit traverser sans résistance).
- Pendant ce temps, déposer les morceaux de saumon dans une assiette et le faire cuire 5 min à la puissance maximale au micro-ondes ou à la vapeur, puis les laisser refroidir.
- Égoutter le chou-fleur et le déposer dans un plat à gratin, et émietter par-dessus le saumon.
- Verser dans le plat à gratin la crème fraîche, saler, poivrer et parsemer d'un peu de noix de muscade râpée.
- Répartir le gruyère sur le dessus.
- Enfourner le plat 20 min dans un four à 180 °C.

Variantes

Remplacer le saumon par du jambon.
Remplacer le chou-fleur par du brocoli ; ou faire un mélange avec les 2 variétés de choux.

Mercredi

Midi

1. Réchauffer le thon au quinoa et aux haricots verts.

Soir

1. Préparer le repas du soir :
   - Faire cuire les œufs mollets dans une casserole d'eau bouillante : plonger les œufs à l'aide d'une écumoire, et baisser le feu pour avoir des petits bouillons. Laisser cuire les œufs 6 min.
   - Cuisiner la soupe à la carotte, au curry et à la crème de coco :

SOUPE À LA CAROTTE, AU CURRY ET À LA CRÈME DE COCO

Préparation : 10 min
Cuisson : 25 min
Pour 4 personnes

600 g de carottes + ½ oignon + 4 c. à s. de crème de coco + 2 c. à c. de curry + 2 c. à c. de bouillon de légumes déshydraté bio + 1 litre d'eau

> Couper les carottes (épluchées et lavées dimanche) en rondelles.
> Émincer le demi-oignon.
> Dans une casserole, ajouter l'oignon, les carottes, les 2 c. à c. de bouillon de légumes, les 2 c. à c. de curry et le litre d'eau.
> Faire cuire 25 min à couvert.
> Mixer, puis répartir dans 4 bols.
> Verser 1 c. à s. de crème de coco dans chaque bol.

Variantes

Remplacer la crème de coco par de la crème fraîche.
Remplacer le curry par du cumin.

2. Préparer le repas du lendemain midi :
   - Utiliser des lentilles en conserve pour gagner du temps : les égoutter et les rincer (sinon, faire cuire des lentilles).
   - Couper les figues en quartiers, les ajouter avec la mâche aux lentilles dans un récipient hermétique.
   - Ajouter le chèvre frais coupé en morceaux.

Variante

Le lendemain, pour plus de gourmandise, faire griller la tranche de pain avec le chèvre frais posé dessus et saupoudré d'herbes de Provence.

Jeudi

- **Midi**

1. Ajouter à la salade de lentilles la sauce vinaigrette de son choix.

- **Soir**

1. Préparer le repas du soir :
   - Assaisonner la salade verte avec la vinaigrette de son choix.
   - Cuisiner la tortilla à la pomme de terre et au potimarron.

TORTILLA À LA POMME DE TERRE ET AU POTIMARRON

Préparation : 15 min
Cuisson au four : 20 à 25 min
Pour 4 personnes

- Découper les pommes de terre et le potimarron en petits dés et les faire cuire à la vapeur pendant 10 min.
- Émincer la gousse d'ail.
- Dans un saladier, casser les œufs, puis ajouter l'ail, le paprika, saler et poivrer. Mélanger au fouet.
- Dans un moule à gâteau antiadhésif ou en silicone, répartir les dés de pomme de terre et de potimarron cuits, ainsi que les olives, puis verser dessus le contenu du saladier.
- Mettre dans un four chaud à 180 °C pendant 20 à 25 min.

Variantes

Remplacer le potimarron par de la courgette, des poivrons ou des oignons.
Remplacer le paprika par de la noix de muscade ou des herbes de Provence.

2. Préparer le Buddha bowl du lendemain midi :
   - Faire cuire le riz basmati comme indiqué sur le paquet, puis l'égoutter et le passer sous l'eau froide.
   - Faire cuire les brocolis : les mettre dans une assiette creuse ou un bol, verser un peu d'eau dans le plat, puis mettre au micro-ondes pendant 5 à 6 min à la puissance maximale.
   - Mettre le poulet à mariner. Le couper en morceaux puis verser dessus le jus d'un citron, de l'huile d'olive et du thym, et mélanger. Laisser reposer 30 min au réfrigérateur. Puis faire cuire le poulet dans une poêle avec sa marinade.
   - Dans un bol, rassembler le riz, les brocolis, le poulet cuit, verser dessus le reste de marinade, saler et poivrer.

Variantes

Varier les plaisirs en changeant de marinade : remplacer le thym par du cumin et ajouter de l'ail, remplacer le citron par du citron vert ou de la sauce soja, et l'huile d'olive par de l'huile de sésame.

Vendredi

- **Midi**

1. Réchauffer ou consommer froid le Buddha bowl.

- **Soir**

1. Cuisiner les endives au jambon :

ENDIVES AU JAMBON

Préparation : 10 min
Cuisson : 45 min
Pour 4 personnes

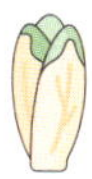
8 endives moyennes
\+
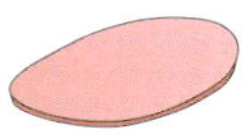
8 tranches de jambon (400 g)
\+

400 ml de lait demi-écrémé ou de boisson végétale (avoine, soja)
\+
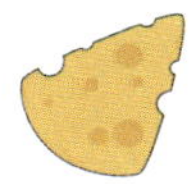
60 g de gruyère râpé

40 g de maïzena
\+

Noix de muscade
\+
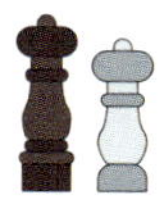
Sel et poivre

> Laver les endives (découper si besoin leur base) et les faire cuire en les plongeant dans une grande casserole d'eau bouillante salée pendant 10 min.

> Faire la béchamel pendant que les endives cuisent : dans une casserole, verser le lait, la maïzena, la noix de muscade râpée, saler, poivrer, mélanger avec un fouet, puis mettre sur feu doux (remuez pendant environ 8 à 10 min, le temps que cela épaississe).

> Égoutter les endives et les laisser refroidir. Les presser une fois tièdes pour faire sortir leur excédent d'eau.

> Enrouler chaque endive d'une tranche de jambon, les déposer dans un plat à gratin, recouvrir de béchamel et parsemer sur le dessus de gruyère râpé.

> Mettre au four 25 min à 180 °C.

Variantes

Remplacer le jambon par du saumon fumé.
Remplacer les endives par des poireaux.

Samedi

- **Midi**

1. Faire cuire le blé (Ebly) comme indiqué sur le paquet.
2. Cuisiner les papillotes de cabillaud aux carottes et aux olives :

PAPILLOTES DE CABILLAUD AUX CAROTTES ET AUX OLIVES

Préparation : 15 min
Cuisson au four : 20 min
Pour 4 personnes

4 pavés de cabillaud + 800 g de carottes + 20 olives noires à la grecque dénoyautées + 1 c. à c. de cumin

1 gousse d'ail + Sel et poivre + Papier cuisson

- Peler et laver les carottes, puis les couper en rondelles. Émincer la gousse d'ail, mettre le tout dans un saladier, saupoudrer de cumin, saler et poivrer légèrement, et bien mélanger.
- Couper les olives en deux.
- Découper 4 morceaux de papier cuisson, déposer un pavé sur chacun d'eux, répartir les carottes et les olives.
- Refermer le papier cuisson pour former des papillotes.
- Mettre au four à 180 °C pendant 20 min.

Variantes

Remplacer le cabillaud par de l'églefin ou du colin.
Remplacer les carottes par des courgettes surgelées.

Soir

1. Préparer les bruschettas au potimarron, bleu d'auvergne et noix :
   - Faire cuire le potimarron en petits dés à la vapeur, les déposer sur des tranches de pain de campagne toastées, émietter par-dessus du bleu d'Auvergne et des cerneaux de noix concassés, verser dessus un petit filet de miel, puis passer au four quelques minutes à 200 °C.
2. Réaliser une salade de haricots rouges avec la vinaigrette de son choix.
   - Par facilité, utiliser des haricots rouges en conserve : les égoutter puis les rincer (sinon, dès le samedi matin, il faudra mettre à tremper les haricots rouges secs dans de l'eau froide, pendant au moins 8 h ; ils seront égouttés, puis rincés avant d'être mis à cuire à la Cocotte-Minute pendant 45 min).

AUTOMNE-HIVER

Semaine 2

Dimanche

Tartiflette légère
Salade d'endives

Bouillon aux crevettes
et brocoli

Lundi

Bœuf aux carottes
Pâtes

Épinards à la crème
Œufs au plat
Pain

Mardi

Tarte butternut au jambon
et chèvre frais
Salade verte en vinaigrette

Poulet sauce crémeuse
au citron
Haricots verts
Pain

Mercredi

Salade à l'orientale
de carottes râpées,
semoule et
pois chiches

Cabillaud à la bordelaise
Poireaux vapeur
en vinaigrette

Jeudi

Steak grillé
Petits pois et carottes

Dahl de lentilles
Riz basmati

Vendredi

Salade de riz au thon
Betterave en vinaigrette
citronnée

Pilons de poulet au potiron
Pain

Samedi

Pizza blanche aux poireaux et au saumon
Salade de mâche

Omelette aux champignons
Soupe de légumes

Liste de courses de la semaine 2

Légumes et fruits

- Betterave
- Brocoli
- Carottes
- Champignons de Paris
- Épinards surgelés
- Haricots verts surgelés
- Petits pois et carottes en boîte
- Mâche
- Oignons
- Poireaux
- Potiron
- Butternut
- Salade verte
- Tomates concassées en conserve
- Citrons

Glucides

- Chapelure
- Farine T80
- Farine T55
- Nouilles de riz
- Pâtes
- Pommes de terre
- Riz basmati
- Semoule
- Châtaignes cuites
- Pain complet ou autre

Protéines

- Blancs de poulet
- Pilons de poulet
- Œufs
- Paleron de bœuf
- Lardons de bacon ou dés de poulet
- Dés de jambon
- Crevettes décortiquées fraîches ou surgelées
- Dos de cabillaud
- Saumon fumé
- Thon au naturel
- Pois chiches en conserve
- Lentilles corail sèches

Sucre Sucreries Alcool

- Vin rouge (facultatif)
- Vin blanc sec

Aides culinaires

- Ail
- Échalotes
- Bouquet garni
- Persil
- Fumet de poisson déshydraté
- Bouillon de volaille déshydraté bio
- Paprika
- Curry
- Gingembre
- Fond de veau
- Clou de girofle
- Levure de boulanger sèche ou levure fraîche

Produits laitiers ou équivalent végétal

- Cancoillotte
- Reblochon
- Feta
- Yaourt nature laitier ou végétal
- Petits suisses
- Chèvre frais

Lipides

- Beurre
- Crème fraîche épaisse ou crème végétale épaisse (soja)
- Crème fraîche liquide bio à 15 % ou crème végétale liquide
- Huile d'olive
- Cerneaux de noix

Batch cooking pour la semaine

Dimanche matin, on cuisine :

1. La tartiflette légère pour le midi (p. 199).
2. Le bœuf aux carottes pour le lundi midi (p. 201).
3. La tarte butternut au jambon et chèvre frais pour le mardi midi (p. 203).

Dimanche, on s'organise :

4. On commence par cuisiner le bœuf aux carottes.
5. On prépare la pâte brisée pour la tarte, et on la laisse reposer au frigo.
6. On découpe la butternut et on la met à cuire.
7. Pendant ce temps, on pèle et on découpe les pommes de terre et on lance leur cuisson quand celle de la butternut est terminée.
8. On sort la pâte et on l'étale, on finit la préparation de la tarte.
9. On termine la recette de la tartiflette en préparant le plat à gratin.
10. On cuisine la tarte butternut.
11. On enfourne en même temps la tartiflette et la tarte (attention, les temps de cuissons sont différents).

Dimanche, on s'avance :

12. Pendant les cuissons, on avance des préparations pour la semaine :
    - Laver et égoutter la salade verte.

- Faire cuire les pâtes (pour accompagner le bœuf aux carottes de lundi midi) comme indiqué sur le paquet. Une fois cuites, les égoutter puis les passer immédiatement sous l'eau froide pour stopper leur cuisson, et les conserver dans un récipient hermétique au réfrigérateur.
- Faire cuire des haricots verts surgelés pour mardi soir.
- Éplucher, laver et râper des carottes pour mercredi.
- Conserver les légumes dans des boîtes hermétiques au réfrigérateur.

Dimanche

Midi

1. Préparer la salade d'endives en ajoutant la sauce vinaigrette de son choix.
2. Cuisiner la tartiflette légère :

TARTIFLETTE LÉGÈRE

Préparation : 15 min

Cuisson faitout : 30 min – Cuisson au four : 15 min

Pour 4 personnes

200 g de lardons de bacon ou de dés de poulet + 1 kg de pommes de terre + 1 oignon

300 g de cancoillotte + 80 g de reblochon + 300 ml d'eau + Sel et poivre

> Éplucher et couper en petits dés les pommes de terre.
> Émincer l'oignon.
> Dans un faitout, faire dorer le bacon, puis ajouter l'oignon. Faire revenir pendant 2 min.
> Ajouter dans le faitout les 300 ml d'eau et les pommes de terre, et faire cuire pendant 30 min.

- Couper le feu puis mettre la cancoillotte dans le faitout, poivrer et bien mélanger.
- Mettre la préparation dans un plat à gratin, recouvrir de fines lamelles de reblochon, puis mettre dans un four à 180 °C pendant 15 min.

Variante

Réduire de moitié la quantité de pommes de terre et remplacer par 800 g d'endives.

Soir

1. Cuisiner le bouillon aux crevettes et brocoli (pour 4 personnes) :
   - Verser 1 litre d'eau dans une casserole, ajouter 600 g de brocoli, 2 c. à c. de fumet de poisson déshydraté, 1 c. à c. de gingembre râpé et 1 gousse d'ail émincée, puis poivrer.
   - Laisser bouillonner 2 min puis ajouter 400 g de crevettes décortiquées et 200 g de nouilles de riz, et laisser cuire pendant encore 10 min.

Variantes

Remplacer les crevettes par du blanc de poulet coupé en lamelles et le fumet de poisson par 2 c. à c. de bouillon de volaille déshydraté.

Lundi

Midi

1. Réchauffer le bœuf aux carottes avec les pâtes, ou les faire cuire (si cela n'a pas été fait).

BŒUF AUX CAROTTES

Préparation : 15 min
Cuisson : 2 h 30
Pour 4 personnes

500 g de paleron de bœuf + 200 g de tomates concassées + 400 g de carottes + 1 oignon

2 c. à s. d'huile d'olive + 1 bouquet garni + 1 gousse d'ail + 1 clou de girofle

½ c. à c. de fond de veau + Sel et poivre + 20 cl de vin rouge (facultatif)

- La veille ou 2 h avant la cuisson, préparer la marinade pour la viande : découper le paleron en morceaux de 2 cm de côté environ ; déposer les morceaux dans un récipient hermétique ; ajouter l'huile d'olive, la gousse d'ail et l'oignon haché. Facultatif : ajouter le vin à la marinade.
- Ajouter le bouquet garni. Bien mélanger, fermer le récipient et le mettre au réfrigérateur.
- Le lendemain, ou 2 h après : éplucher les carottes, les laver et les couper en rondelles ou en biais, d'une épaisseur de 0,5 cm.
- Dans une cocotte, mettre les morceaux de paleron (attention de bien les égoutter si la marinade contient du vin, et de retirer le bouquet garni et le clou de girofle). Faire dorer chaque face.

- Ensuite, ajouter les carottes, les tomates concassées, le bouquet garni et le clou de girofle, ainsi que le vin (facultatif). Saler et poivrer.
- Ajouter 800 ml à 1 l d'eau dans la cocotte (elle doit couvrir le tout), ajouter le fond de veau, mélanger, et, quand le liquide se met à faire des bulles, baisser un peu le feu et laisser mijoter pendant 2 h 30.

Variante

Pour une version plus rapide, réaliser toutes les opérations dans un autocuiseur cuisson en 50 min.
Ce plat se congèle très bien : vous pouvez doubler les quantités pour en congeler la moitié (ce qui est bien pratique : vous pourrez l'intégrer dans le menu d'une autre semaine, lorsque vous aurez moins de temps pour cuisiner).

Soir

1. Faire cuire les œufs au plat.
2. Cuisiner les épinards à la crème (pour 4 personnes) :
   - Mettre 800 g d'épinards surgelés dans une sauteuse, et les faire chauffer pendant quelques minutes pour les faire fondre en mélangeant régulièrement.
   - Une fois les épinards décongelés, ajouter 4 c. à s. de crème fraîche épaisse, saler, poivrer et mélanger. Laisser cuire 5 min supplémentaires.

Mardi

Midi

1. Préparer la salade verte en ajoutant la sauce vinaigrette de son choix.
2. Réchauffer (ou pas) la tarte butternut.

TARTE BUTTERNUT AU JAMBON ET CHÈVRE FRAIS

Préparation : 10 min
Cuisson : 35 min
Pour 4 personnes

Pâte brisée maison

220 g de farine T80 + 1 yaourt nature + 1 œuf + 1/2 c. à c. de sel

Pour la garniture

100 g de dés de jambon + 1,2 kg de courge butternut + 60 g de chèvre frais + 70 g de châtaignes cuites + 20 g de cerneaux de noix + Sel et poivre

- Découper la chair de la butternut en dés, les faire cuire à la vapeur ou dans une casserole d'eau pendant 15 min.
- Préparer la pâte brisée en mélangeant tous les ingrédients de la pâte. Faire une boule et la laisser reposer au frigo.
- Quand les dés de butternut sont cuits, les mixer, saler et poivrer (attention de bien les égoutter s'ils ont été cuits à l'eau). Écraser les châtaignes en gros morceaux, puis les ajouter à la purée.
- Étaler la pâte et la mettre dans un moule à tarte de 25 cm de diamètre. Piquer le fond de tarte. Concasser les noix. Étaler la purée de butternut et châtaigne sur le fond de tarte, puis répartir sur le dessus les morceaux de noix, les dés de jambon et, à l'aide d'une cuillère à café, répartir le fromage de chèvre frais.
- Enfournez dans un four à 180 °C pendant 30 à 35 min.

Variante

Remplacer la butternut par du potiron et le chèvre frais par de la mozzarella.

- **Soir**

1. Préparer le poulet sauce crémeuse au citron (pour 4 personnes) :
   - Émincer 2 échalotes, et les faire revenir dans une sauteuse avec 2 c. à s. d'huile pendant 1 min, puis ajouter les blancs de poulet et faire dorer pendant 2 à 3 min de chaque côté.
   - Dans 250 ml d'eau, mélanger ½ c. à c. de bouillon de volaille bio, 1 c. à c. de paprika et le jus d'un demi-citron, puis verser le mélange sur les blancs de poulet, et laisser cuire à feu vif le temps que le liquide réduise de moitié. Puis ajouter 150 ml de crème fraîche liquide à 15 %. Couper des rondelles de citron, les déposer sur les blancs, puis laisser mijoter 10 min.
   - Accompagner avec les haricots verts cuits.
2. Préparer la salade à l'orientale de carottes râpées, semoule et pois chiches du lendemain midi (pour 4 personnes) :
   - Prendre 240 g de semoule, regarder ce que cela représente en volume par rapport à un verre, verser la semoule dans un saladier et ajouter le même volume en eau bouillante légèrement salée. Couvrir et laisser reposer pendant 5 min, le temps que la semoule gonfle.
   - Quand elle est refroidie, ajouter les carottes râpées, 400 g de pois chiches cuits en conserve (rincés et égouttés), puis préparer la sauce vinaigrette orientale (p. 86).

Mercredi

- **Midi**

1. Ajouter la vinaigrette orientale à la salade, et mélanger.

- **Soir**

1. Préparer les poireaux : couper leurs extrémités, avec les racines et les parties vertes abîmées, fendre les poireaux dans la longueur, puis les laver sous un filet d'eau. Les déposer dans un plat allant au micro-ondes, verser un peu d'eau et fermez le plat à l'aide d'un couvercle pour micro-ondes ou d'un film alimentaire. Faire cuire à pleine puissance pendant 5 à 8 min, suivant leur taille.
2. Assaisonner les poireaux avec une vinaigrette de son choix.

3. Cuisiner le cabillaud à la bordelaise :

CABILLAUD À LA BORDELAISE

Préparation : 10 min
Cuisson : 20 min
Pour 4 personnes

500 g de dos de cabillaud + 60 g de chapelure + 1 c. à s. d'huile d'olive + 10 g de beurre + 2 échalotes

2 gousses d'ail + Le jus de 1 citron + Persil + 10 cl de vin blanc sec + Sel et poivre

- Préchauffer le four à 180 °C.
- Émincer finement les gousses d'ail et les échalotes.
- Dans une casserole, mettre le beurre, l'ail et les échalotes, et les faire revenir à feu doux pendant 5 min.
- Déglacer au vin blanc, et mettre sur feu vif le temps qu'il s'évapore.
- Dans un bol, verser la chapelure et le persil, puis ajouter le contenu de la casserole, et mélanger.
- Dans un plat allant au four, étaler l'huile d'olive, déposer dessus les portions de dos de cabillaud, saler et poivrer. Répartir de façon uniforme le mélange de chapelure sur les portions de poisson.
- Enfourner dans le four chaud pour 10 à 15 min, en fonction de l'épaisseur des portions de poisson.
- Sortir du four, arroser de jus de citron et servez.

Variantes

Remplacer le cabillaud par du saumon ou du blanc de poulet.
Faire soi-même sa chapelure en mixant du pain rassis.

Jeudi

Midi

1. Égoutter des petits pois et carottes en conserve, et les réchauffer avec un peu de beurre.
2. Faire griller un steak. Si cela n'est pas possible le jour même, il faudra anticiper la cuisson la veille au soir et réchauffer le steak.

Soir

1. Faire cuire la quantité de riz basmati nécessaire pour le soir et pour la salade du lendemain.
2. Préparer la salade du lendemain :
   - Une fois le riz égoutté, faire refroidir la portion de riz qui sera utilisée pour la salade en la passant sous l'eau froide.
   - Ajouter au riz une portion de thon au naturel et de la betterave coupée en morceaux. Préparer une sauce vinaigrette citronnée.
3. Cuisiner le dahl de lentilles :

DAHL DE LENTILLES

Préparation : 5 min – Cuisson : 18 min

Pour 4 personnes

280 g de lentilles corail sèches + 1 oignon + 400 g de tomates concassées en boîte + 2 c. à s. d'huile d'olive + 2 c. à c. de curry + Sel et poivre

› Émincer l'oignon.
› Dans une sauteuse, mettre l'huile d'olive, l'oignon et le curry, et faire revenir.
› Ajouter les lentilles corail, les tomates concassées et 50 cl d'eau.
› Mélanger, saler et poivrer, puis laisser mijoter pendant 15 min à couvert.

Variante

Remplacer les tomates concassées par 100 g de double concentré de tomate, et mélanger à 300 ml d'eau.

Vendredi

Midi

1. Assaisonner la salade de riz avec la vinaigrette, et mélanger.

Soir

1. Cuisiner les pilons de poulet au potiron :

PILONS DE POULET AU POTIRON

Préparation : 10 min
Cuisson au four : 1 h
Pour 4 personnes

8 pilons de poulet + 600 g de potiron + 400 g de champignons de Paris + 30 cl de crème fraîche liquide à 15 % + 2 c. à c. de curry + Sel et poivre

- Préchauffer le four à 180 °C.
- Couper le potiron en dés.
- Nettoyer les champignons et les couper en gros morceaux.
- Mélanger le curry et la crème, saler et poivrer.
- Dans un plat allant au four, répartir les pilons de poulet, les dés de potiron et les champignons.
- Recouvrir du mélange crème-curry.
- Mettre au four pendant 1 h.

Variantes

Remplacer le potiron par de la courge ou de la butternut.
Remplacer la crème liquide par de la crème de coco ou d'avoine.

Samedi

Midi

1. Préparer une salade de mâche avec la vinaigrette de son choix.
2. Cuisiner la pizza blanche aux poireaux et au saumon :

PIZZA BLANCHE AUX POIREAUX ET AU SAUMON

Préparation : 15 min
Repos de la pâte : 1 h 30
Cuisson : 30 min
Pour 4 personnes

Pour la pâte

250 g de farine T55 + 2 c. à s. d'huile d'olive + 150 ml d'eau tiède + 1 c. à c. de sel + 10 g de levure de boulanger sèche ou 20 g de levure fraîche

Pour la garniture

400 g de saumon fumé + 500 g de poireaux + 2 c. à s. d'huile d'olive + 60 g de feta et 4 petits suisses + Sel et poivre

Faire la pâte à pizza

- Faire tiédir l'eau, mettre la levure dedans, mélanger et laisser reposer pendant 5 à 10 min.
- Dans un saladier, verser la farine, mettre 1 c. à c. de sel, l'huile d'olive puis l'eau avec la levure, et pétrir. Laisser reposer pendant 1 h 30 à 2 h.

Préparer la garniture

- Nettoyer les poireaux, les couper en rondelles, les faire cuire dans une sauteuse avec un tout petit peu d'eau pendant 10 à 15 min.
- Quand la pâte a levé, la dégazer et l'étaler.
- Badigeonner la pâte avec les petits suisses, et poivrer. Répartir dessus le poireau, puis des lamelles de saumon.

- Émietter et répartir la feta sur le dessus de la pizza.
- Enfourner à 200 °C, pendant 10 à 15 min.

Variantes

Remplacer les petits suisses par du fromage blanc.
Remplacer le saumon fumé par des crevettes.

Soir

1. Confectionner une soupe de légumes :
   - Réaliser une soupe avec les légumes qui vous restent de la semaine en suivant en exemple la recette p. 186.
2. Cuisiner une omelette aux champignons (pour 4 personnes) :
   - Nettoyer 500 g de champignons de Paris, couper le bas des pieds et retirer la peau des chapeaux des champignons, les couper en fines lamelles.
   - Verser dans une poêle 2 c. à s. d'huile, puis ajouter les morceaux de champignons, saler et poivrer, puis couvrir et laisser mijoter pendant 8 min.
   - Découvrir et laisser cuire le temps que l'eau s'évapore.
   - Ciseler quelques branches de persil, les mettre dans un saladier, y casser 8 œufs, saler et poivrer, puis les battre en omelette.
   - Verser le contenu du saladier dans la poêle avec les champignons, puis mettre sur feu vif au démarrage, et réduire ensuite la puissance du feu.
   - Laisser cuire suivant votre goût pour que l'omelette soit plus ou moins baveuse.

AUTOMNE-HIVER

Semaine 3

Dimanche

Linguines carbonara
aux crevettes
Salade verte en vinaigrette

Œufs cocotte au potiron
Salade verte et
pain complet

Lundi

Quiche sans pâte, au
saumon et aux champignons
Carottes râpées
en vinaigrette

Côtelettes d'agneau grillées,
haricots verts et
pommes de terre

Mardi

Crumble de potiron
et jambon
Pain

Blanc de poulet grillé,
carottes persillade
Pain

Mercredi

Salade de
haricots rouges,
choux fleur et feta
Pain

Boulettes de bœuf
sauce tomate express
Pâtes

Jeudi

Pâtes aux sardines
et à la tomate

Curry de pois chiches
et épinards
Riz

Vendredi

Carpaccio de bœuf
Salade de fenouil et
de betteraves en vinaigrette
Pain

Velouté de patates douces
et émincés de poulet

Samedi

Wok de poulet,
petits pois et brocolis

Omelette aux poireaux express
Salade verte et pain complet

Liste de courses de la semaine 3

Légumes et fruits

› Betteraves cuites
› Brocoli
› Carottes
› Champignons de Paris
› Chou-fleur
› Fenouil
› Germes de soja nature en boîte
› Haricots verts surgelés ou en conserve
› Oignons
› Petits pois surgelés
› Potiron
› Pousses d'épinards
› Poireaux
› Salade verte
› Tomates concassées en conserve

Lipides

› Huile d'olive
› Beurre
› Crème fraîche liquide bio à 15 % ou crème végétale liquide
› Lait de coco

Glucides

› Farine T80
› Pain complet ou autre
› Linguines
› Pâtes fraîches
› Nouilles de riz
› Riz basmati
› Patates douces
› Pommes de terre

Aides culinaires

› Ail
› Noix de muscade
› Bouillon de légumes bio déshydratés
› Persil
› Herbes de Provence
› Curcuma
› Cumin
› Curry
› Sauce soja

Protéines

› Allumettes de jambon blanc
› Carpaccio de bœuf
› Blanc de poulet
› Côtelettes d'agneau
› Viande hachée de bœuf à 5 %
› Œufs
› Crevettes décortiquées
› Saumon fumé
› Sardines au bouillon
› Haricots rouges en conserve
› Pois chiches en conserve

Produits laitiers ou équivalent végétal

› Parmesan
› Gruyère râpé
› Feta
› Lait demi-écrémé ou boisson végétale

Sucre / Sucreries / Alcool

Batch cooking pour la semaine

Dimanche matin, on cuisine :

1. Les linguines carbonara aux crevettes pour le midi (p. 213).
2. La quiche sans pâte au saumon et aux champignons pour lundi midi (p. 214).
3. Le crumble de potiron et jambon pour le mardi midi (p. 216).

Dimanche, on s'organise :

4. On commence par découper le potiron pour le crumble de potiron de mardi midi (on prévoit 500 g de potiron en plus pour les œufs cocotte du soir), puis on met tout le potiron à cuire. On met de côté les 500 g supplémentaires.
5. On finit de réaliser le crumble de potiron pour mardi.
6. On prépare la quiche pour lundi midi.
7. On enfourne en même temps le crumble et la quiche.
8. On cuisine les linguines.

Dimanche, on s'avance :

9. Pendant les cuissons, on avance des préparations pour la semaine :
   - On lave et égoutte la salade verte.
   - On épluche et lave des carottes : une quantité sera râpée pour lundi, et une autre coupée en rondelles pour mardi.
   - On fait cuire des haricots verts surgelés pour mardi midi (ou bien on utilisera des haricots verts en conserve).
   - On conserve les légumes dans des boîtes hermétiques au réfrigérateur.

Dimanche

Midi

1. Préparer la salade verte en ajoutant la sauce vinaigrette de son choix.
2. Cuisiner les linguines carbonara aux crevettes :

LINGUINES CARBONARA AUX CREVETTES

Préparation : 5 min
Cuisson : 20 min
Pour 4 personnes

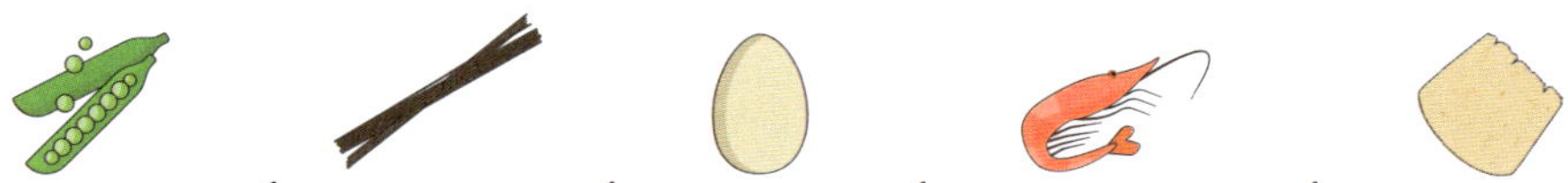

400 g de petits pois surgelés + 240 g de linguines + 4 œufs + 400 g de crevettes décortiquées + 80 g de parmesan râpé

3 c. à s. d'huile d'olive + 1 oignon + 2 gousses d'ail + Sel et poivre

- Mettre à cuire les linguines en respectant le temps de cuisson indiqué sur le paquet.
- Faire cuire les petits pois en les plongeant dans de l'eau bouillante durant 3 à 4 min.
- Émincer l'ail et l'oignon, les ajouter dans une sauteuse avec l'huile et les crevettes décortiquées, et laisser cuire les crevettes 2 à 3 min sur chaque face.
- Dans un saladier, battez les œufs en omelette avec le parmesan râpé, poivrer et saler légèrement.
- Ajouter au saladier les petits pois égouttés, les crevettes avec l'ail et l'oignon cuits, et les linguines égouttées (garder un peu d'eau de cuisson, à ajouter si nécessaire dans le saladier pour allonger la sauce). Bien mélanger le tout et servir immédiatement.

Variantes

Remplacer les petits pois surgelés par des petits pois en conserve (les égoutter et les rincer bien avant de les ajouter aux pâtes).
Remplacer les petits pois par des asperges cuites coupées en morceaux.

- **Soir**

1. Cuisiner les œufs cocotte (pour 4 personnes) :
   - Mélanger 500 g de potiron cuit avec 10 cl de crème fraîche liquide à 15 % (ou végétale) et un peu de noix de muscade, puis saler et poivrer, mélanger. Répartir dans 4 petits plats individuels, et casser sur le dessus de chaque petit plat 1 ou 2 œufs.
   - Dans un plat allant au four, verser un peu d'eau, puis déposer dedans les 4 petits plats individuels. Mettre dans un four chaud à 150 °C, pendant 10 à 12 min.

Lundi

- **Midi**

1. Préparer les carottes râpées en ajoutant la sauce vinaigrette de son choix.
2. Réchauffer (ou pas) la quiche.

QUICHE SANS PÂTE, AU SAUMON ET AUX CHAMPIGNONS

Préparation : 8 min

Cuisson au four : 35 min

Pour 4 personnes

> Nettoyer les champignons et les couper en fines lamelles.

> Couper le saumon en morceaux.

> Dans un saladier, mettre la farine, creuser un puits et y verser le lait et la crème. Casser dedans les œufs, ajouter la noix de muscade, saler légèrement et poivrer,

puis mélanger au fouet en incorporant au fur et à mesure la farine au liquide. Bien mélanger pour éviter les grumeaux.

- Dans un moule à tarte ou à gâteau à bord haut (en silicone ou antiadhésif), répartir sur le fond les morceaux de saumon et les lamelles de champignons, verser dessus le contenu du saladier, puis parsemer de gruyère râpé.
- Enfourner à 180 °C pendant 30 à 35 min.

Variante

Remplacer le saumon fumé par du jambon, du bacon ou du blanc de poulet cuit.

Soir

1. Faire cuire des pommes de terre :
   - Laver la quantité nécessaire de petites pommes de terre – pas besoin de les éplucher, les piquer avec une fourchette à plusieurs endroits. Les déposer dans un plat creux allant au micro-ondes, puis y verser un peu d'eau.
   - Couvrir le plat d'un film alimentaire et faire cuire 15 min à pleine puissance. Si besoin, ajouter quelques minutes supplémentaires.
   - Une fois les pommes de terre cuites, les peler.
2. Faire cuire les côtelettes d'agneau sans matières grasses dans une poêle chaude. Quand elles sont cuites, les retirer et ajouter à la poêle les haricots verts et les pommes de terre. Réchauffer le tout ensemble.

Mardi

Midi

1. Réchauffer le crumble.

CRUMBLE DE POTIRON ET JAMBON

Préparation : 10 min
Cuisson : 40 min
Pour 4 personnes

Pour la pâte à crumble :

120 g de parmesan + 120 g de farine T80 + 40 g de beurre

Pour le gratin :

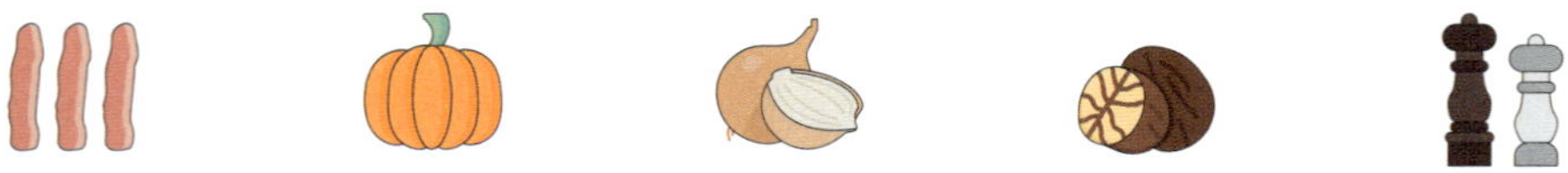

400 g d'allumettes de jambon + 800 g de chair de potiron + 2 oignons + 1 c. à c. de noix de muscade râpée + Sel et poivre

> Couper en dés la chair de potiron et les faire cuire à la vapeur ou au micro-ondes 10 min.
> Émincer les oignons. Les faire revenir dans une poêle avec un peu d'eau.
> Dans un blender, mettre le parmesan, la farine et le beurre, et mixer pour réaliser la pâte à crumble.
> Dans un plat allant au four, déposer les dés de potiron cuit et les écraser à la fourchette. Ajouter de la noix de muscade, saler, poivrer et mélanger. Ajouter la moitié des oignons, puis tout le jambon et ensuite le reste des oignons, puis étaler le crumble par-dessus.
> Enfourner à 180 °C pendant 30 min.

Variantes

Remplacer le potiron par de la butternut ou de l'aubergine.
Remplacer le jambon par des lardons de bacon.

Soir

1. Faire cuire le blanc de poulet à la poêle.
2. Cuisiner les carottes persillade (pour 4 personnes) :
   - Éplucher, laver puis couper en rondelles 8 belles carottes.
   - Dans une sauteuse, ajouter 2 c. à s. d'huile d'olive et un oignon émincé, le faire revenir 2 min, puis ajouter les carottes, un verre d'eau, ½ c. à c. de bouillon de légumes déshydratés, saler, poivrer et laisser mijoter pendant 20 min.
   - Une fois les carottes cuites, ajouter ½ bouquet de persil ciselé.
3. Préparer la salade du lendemain midi :
   - Pour 1 personne : couper 200 g de chou-fleur en petits morceaux, ou en faire de la semoule en le mixant dans un blender.
   - Égoutter et rincer 200 g de haricots rouges cuits en conserve.
   - Mélanger les deux, et émietter sur le dessus 30 g de feta.

Mercredi

Midi

1. Assaisonner la salade de chou-fleur et de haricots rouges avec la vinaigrette de son choix.

Soir

1. Cuisiner le plat de boulettes et les pâtes :

BOULETTES DE BŒUF SAUCE TOMATE

Préparation : 15 min
Cuisson : 20 min
Pour 4 personnes

500 g de viande de bœuf hachée à 5 %
+

350 g de pâtes fraîches
+

1 boîte de tomates concassées (240 g)
+

2 c. à s. d'huile d'olive

1/2 botte de persil
+

Herbes de Provence
+

Sel et poivre

› Hacher le persil, l'ajouter à la viande hachée, saler et poivrer. Mélanger puis façonnez 16 boulettes.
› Dans une poêle, mettre les 2 c. à s. d'huile, et y faire dorer les boulettes, puis les retirer et les mettre de côté.
› Baisser le feu puis verser les tomates concassées, ajouter des herbes de Provence, saler et poivrer, et laisser mijoter pendant 10 min.
› Pendant ce temps, mettre une casserole d'eau à bouillir pour y faire cuire les pâtes.
› Remettre les boulettes dans la poêle pour les réchauffer, puis couper le feu sous la poêle.
› Égoutter les pâtes, les répartir dans 4 assiettes, puis déposer dessus 4 boulettes par assiette, en répartissant la sauce tomate.

Variante

Remplacer la viande de bœuf par du veau ou du filet mignon de porc haché.

2. Cuisiner un peu plus de sauce tomate pour le lendemain midi : pour cela, ajouter 60 g de tomates concassées par personne (si, le lendemain, vous cuisiner pour 4 personnes, il faudra donc ajouter 240 g de tomates concassées). Les ajouter au moment de la cuisson de la sauce. Ces portions supplémentaires seront retirées du plat et conservées au réfrigérateur pour le lendemain.

3. Faire cuire également plus de pâtes pour le lendemain, en fonction du nombre de parts. Cette quantité supplémentaire, une fois égouttée, sera refroidie sous un filet d'eau froide et conservée au réfrigérateur.

Jeudi

Midi

1. Mélanger la sauce tomate et les pâtes cuites en supplément la veille, puis ajouter des sardines au bouillon égouttées, et réchauffer le plat.

Soir

1. Faire cuire du riz basmati.
2. Préparer la salade du lendemain :
   - Nettoyer, laver puis découper en fines lamelles les bulbes de fenouil, et couper en dés les betteraves cuites.
   - Conserver dans un récipient hermétique au réfrigérateur.
3. Cuisiner le curry de pois chiches et épinards :

CURRY DE POIS CHICHES ET ÉPINARDS

Préparation : 10 min
Cuisson : 35 min
Pour 4 personnes

- Émincer l'oignon et l'ail.
- Faire revenir dans une sauteuse l'ail et l'oignon avec 2 c. à s. d'huile pendant 2 min. Puis ajouter le curcuma, le cumin et le curry, et mélanger.
- Ajouter les pois chiches rincés et égouttés, ainsi que le lait de coco, et laisser mijoter 20 min.

> Puis ajouter les tomates concassées et les épinards lavés, et laisser mijoter pendant 10 min.
> Répartir dans 4 assiettes et parsemer sur le dessus un peu de persil haché.

Variante

Remplacer les épinards frais par des épinards surgelés en branches, ou par de la courgette fraîche ou surgelée.

Vendredi

Midi

1. Assaisonner la salade de fenouil et de betteraves avec la vinaigrette de son choix, et ajouter le carpaccio de bœuf.

Soir

1. Cuisiner le velouté de patates douces :

VELOUTÉ DE PATATES DOUCES

Préparation : 10 min
Cuisson : 35 min
Pour 4 personnes

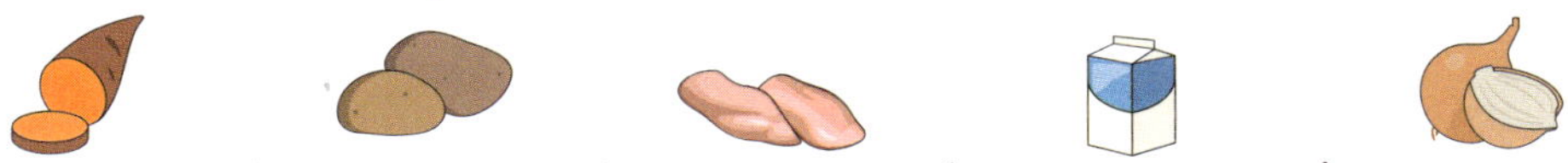

600 g de patates douces + 200 g de pommes de terre + 200 g de blanc de poulet + 10 cl de crème fraîche à 15 % + 1 oignon

1 gousse d'ail + 50 cl d'eau + 1/2 c. à c. de bouillon de légumes bio déshydratés + Noix de muscade + Poivre

> Peler et couper en morceaux les patates douces et les pommes de terre.
> Émincer l'oignon et la gousse d'ail. Dans une cocotte, les faire revenir avec un peu d'eau. Dès qu'ils prennent de la couleur, ajouter 50 cl d'eau.

› Puis ajouter dans la cocotte les morceaux de patates douces et de pommes de terre, un peu de noix de muscade râpée, le bouillon de légumes et poivrer. Laisser cuire pendant 30 min.
› Faire griller les blancs de poulet, puis les effilocher.
› Quand le contenu de la cocotte est cuit le mixer avec les 10 cl de crème fraîche, puis répartir le velouté dans 4 assiettes creuses, avec les morceaux de poulet.

Variantes

Pour une version végétarienne, ajouter dans le velouté des lentilles ou une autre légumineuse cuite (en remplacement du blanc de poulet). Remplacer la crème fraîche par de la crème de coco ou de soja.

Samedi

Midi

1. Cuisiner le wok de poulet.

WOK DE POULET

Préparation : 10 min
Cuisson : 30 min
Pour 4 personnes

500 g de blanc de poulet + 250 g de nouilles de riz (poids sec) + 140 g de petits pois surgelés + 140 g de germes de soja nature en boîte

150 g de brocoli frais ou surgelés + 250 g de carottes + 1 oignon + 2 c. à s. d'huile d'olive

1 gousse d'ail + 1 c. à s. de curry + 1 c. à s. de sauce soja + 20 cl d'eau

- Faire décongeler les légumes surgelés.
- Découper les blancs de poulet en dés.
- Éplucher, laver puis râper les carottes.
- Dans une grande poêle, mettre l'huile, et faire dorer les dés de poulet.
- Ajouter la gousse d'ail et l'oignon émincés, les germes de soja en boîte préalablement rincés et égouttés, les carottes râpées, les petits pois, le brocoli, le curry, la sauce soja et les 20 cl d'eau. Faire mijoter pendant 30 min.
- Faire cuire les nouilles à part dans de l'eau chaude, les égoutter puis les ajouter à la poêle à la fin de la cuisson.

Variante

Remplacer le blanc de poulet par du filet mignon de porc ou par des crevettes.

Soir

1. Cuisiner l'omelette aux poireaux express (pour 1 personne) :
   - Couper 1 petit poireau en rondelles, le déposer dans un plat creux avec un peu d'eau, refermer le plat à l'aide d'un film alimentaire, et faire cuire à puissance maximale pendant 8 min.
   - Égoutter les morceaux de poireaux. Dans un bol, battre 2 œufs en omelette, saler, poivrer, ajouter une épice au choix (curry, paprika, muscade), puis les poireaux, et mélanger.
   - Verser le mélange dans une assiette creuse et la mettre au micro-ondes pendant 2 min 30 à 3 min (si besoin, ramener vers le centre de l'assiette les parties déjà cuites de l'omelette pour uniformiser la cuisson).
   - Pour plusieurs parts, faire cuire tous les poireaux en même temps en rallongeant un peu le temps de cuisson. Puis faire cuire individuellement chaque omelette.
   - Sinon, faire cuire l'omelette dans une grande poêle.

AUTOMNE-HIVER

Semaine 4

Dimanche

Hachis parmentier
à la patate douce
Salade d'endives

Cuisses de poulet
et frites de carotte,
navet et courge au four
Pain

Lundi

Salade de lentilles et
légumes rôtis
Pain

Crevettes au curry
et lait de coco
Riz basmati

Mardi

Flans de potiron et bacon
Salade verte
Pain

Émincés de poulet
à la tomate et aux olives
Pâtes

Mercredi

Purée de chou-fleur
et chorizo
Escalopes de veau
Pain

Œufs au plat
Soupe à la carotte
et au cumin
Pain

Jeudi

Poulet grillé
Flageolets
Salade verte

Bouillon asiatique
au saumon, à la carotte,
au poireau et
aux champignons

Vendredi

Salade de mâche
et betterave
Œufs durs
Pain

Blanquette végétarienne
Pain

Samedi

Brandade de cabillaud
Salade verte

Soupe au brocoli
Jambon
Pain

Liste de courses de la semaine 4

Légumes et fruits

- Betterave cuite
- Branches de céleri
- Brocoli
- Carottes
- Champignons de Paris
- Courge
- Chou-fleur
- Endives
- Oignons
- Mâche
- Navets
- Potiron
- Poireaux
- Salade verte
- Tomates concassées en conserve
- Citron

Lipides

- Huile d'olive
- Beurre
- Crème fraîche liquide bio à 15 % ou crème végétale liquide
- Lait de coco
- Olives vertes en saumure dénoyautées

Glucides

- Farine T80
- Pâtes
- Riz basmati
- Vermicelles de riz
- Patates douces
- Pommes de terre
- Flageolets en conserve
- Pain complet ou autre

Aides culinaires

- Ail
- Persil, coriandre
- Bouquet garni
- Herbes de Provence
- Noix de muscade
- Curry
- Curcuma
- Cumin
- Gingembre
- Clous de girofle
- Bouillon de légumes bio déshydratés
- Sauce soja
- Papier sulfurisé

Protéines

- Viande de bœuf hachée à 5 %
- Escalopes de veau
- Cuisses de poulet
- Blancs de poulet
- Œufs
- Filet de saumon frais
- 500 g de crevettes décortiquées
- Pavés de cabillaud
- Chorizo
- Tranches de jambon ou de bacon
- Lardons de bacon
- Seitan
- Lentilles en conserve

Produits laitiers ou équivalent végétal

- Gruyère râpé
- Lait demi-écrémé ou boisson végétale (avoine, soja)

Sucre / Sucreries / Alcool

Batch cooking pour la semaine

Dimanche matin, on cuisine :

1. Le hachis parmentier à la patate douce pour le midi (p. 227).
2. Les crevettes au curry et lait de coco pour le lundi soir (p. 229).
3. Les émincés de poulet à la tomate et aux olives pour le mardi soir (p. 230).

Dimanche, on s'organise :

4. On commence par préparer tous les légumes pour les frites au four, et on épluche les patates douces pour le hachis parmentier.
5. On lance la cuisson des frites au four et des cuisses de poulet.
6. On fait cuire les patates douces et la viande du hachis parmentier.
7. On finit le montage du hachis dans le plat à gratin, qui ira dans le four à la place des frites une fois qu'elles seront cuites.
8. On enchaîne avec la réalisation du curry de lundi soir et des émincés de poulet à la tomate de mardi soir.

Dimanche, on s'avance :

9. Pendant les cuissons, on avance des préparations pour la semaine :
   - On découpe 500 g de potiron et on le fait cuire à la vapeur ou au micro-ondes 10 min pour le flan de mardi midi.
   - On lave et égoutte la salade verte.
   - On conserve les légumes dans des boîtes hermétiques au réfrigérateur.

Dimanche

Midi

1. Préparer la salade d'endives en ajoutant la sauce vinaigrette de son choix.
2. Cuisiner le hachis parmentier à la patate douce :

HACHIS PARMENTIER À LA PATATE DOUCE

Préparation : 10 min
Cuisson : 30 min
Pour 4 personnes

1 kg de patates douces + 500 g de viande hachée à 5 % + 500 g de tomates concassées + 1 oignon + 100 ml de lait

120 g de gruyère râpé + 40 g de beurre + ½ c. à c. de noix de muscade + Herbes de Provence + Sel et poivre

› Préparer la viande : dans une poêle antiadhésive chaude, ajouter l'oignon émincé et la viande. La faire dorer, puis ajouter les tomates concassées, les herbes de Provence, saler et poivrer. Laisser mijoter pendant 15 min.

› Préparer la purée : éplucher et couper en morceaux les patates douces, les plonger dans une casserole remplie d'eau froide, et compter 10 min de cuisson à partir des premiers bouillons. Les égoutter puis les écraser en ajoutant le lait, le beurre et la noix de muscade. Saler et poivrer.

› Dans un plat à gratin allant au four, étaler sur le fond la viande hachée à la tomate, répartir dessus la purée de patates douces, et recouvrir avec le gruyère râpé. Mettre le plat dans un four chaud à 180 °C pendant 15 min.

Variantes

Remplacer les patates douces par des pommes de terre, et remplacer la viande hachée par du veau ou de la volaille, ou encore des protéines de soja texturées préalablement réhydratées.

- **Soir**

1. Cuisiner les cuisses de poulet et les frites de carotte, navet et courge au four (pour 4 personnes) :
   - Rassembler 800 g de légumes.
   - Peler les carottes, la courge et les navets, et les laver. Puis couper les carottes en bâtonnets, la courge en larges lamelles et les navets en 8. Dans un saladier, mettre les légumes en morceaux, ajouter 4 c. à s. d'huile, l'épice de son choix, saler et poivrer, puis mélanger pour bien répartir l'huile. Prendre la lèchefrite du four, déposer dessus un morceau de papier cuisson, et étaler dessus les légumes en évitant qu'ils se chevauchent trop.
   - Enfourner dans un four chaud à 200 °C en position chaleur tournante pendant 35 min.
   - Faire cuire les cuisses de poulet en même temps – compter 10 min de plus pour leur cuisson.
   - Pour le lendemain midi, il faut également des frites au four pour la salade de lentilles : pour une portion de salade, ajouter donc 200 g de légumes et 1 c. à s. d'huile.

Lundi

- **Midi**

1. Égoutter et rincer des lentilles en conserve, ajouter le surplus de frites de légumes préparées la veille, mélanger et rectifier si besoin l'assaisonnement. Cette salade peut se consommer chaude ou froide.

- **Soir**

1. Cuisiner les flans de potiron du lendemain (pour 4 personnes) :
   - Écraser à la fourchette les 500 g de potiron cuit dimanche. Battre 2 œufs en omelette avec 20 cl de crème fraîche liquide ou végétale, saler, poivrer et ajouter un peu de noix de muscade râpée.
   - Mélanger cette préparation à la purée de potiron en ajoutant 80 g de gruyère et 200 g de lardons de bacon.
   - Répartir dans 4 plats individuels allant au four.
   - Mettre dans un four chaud à 180 °C pendant 20 à 30 min.
2. Faire cuire du riz basmati.

3. Réchauffer les crevettes au curry.

CREVETTES AU CURRY ET LAIT DE COCO

Préparation : 5 min
Cuisson : 20 min
Pour 4 personnes

500 g de crevettes décortiquées + 20 cl de lait de coco + 2 c. à s. d'huile + 1 oignon + 1 c. à c. de curcuma + 1 c. à c. de curry + 1 c. à c. de gingembre râpé + 3 gousses d'ail + Sel et poivre + Persil

- Émincer l'oignon et les gousses d'ail.
- Dans une poêle, faire revenir dans l'huile l'oignon et l'ail, ajouter les crevettes et les faire dorer.
- Ajouter le curcuma, le curry, le gingembre et le lait de coco, laisser mijoter 5 min, saler et poivrer en fonction du goût.

Variante

Remplacer les crevettes par des noix de Saint-Jacques.

Mardi

Midi

1. Préparer la salade verte en ajoutant la sauce vinaigrette de son choix.
2. Réchauffer les flans de potiron, ils accompagneront une tranche de jambon ou du bacon.

Soir

1. Faire cuire des pâtes.
2. Réchauffer les émincés de poulet à la tomate.

ÉMINCÉS DE POULET À LA TOMATE ET AUX OLIVES

Préparation : 5 min
Cuisson : 25 min
Pour 4 personnes

- Émincer l'oignon.
- Découper les blancs de poulet en lamelles et les olives en morceaux.
- Dans une sauteuse, faire revenir l'oignon et les lamelles de poulet avec l'huile, et les faire dorer pendant 2 min.
- Ajouter les tomates concassées, les morceaux d'olives, les herbes de Provence, saler et poivrer.
- Faire mijoter pendant 20 min.

Variantes

Remplacer le poulet par de la dinde ou de la viande hachée à 5 %.
Pour une version végétarienne, remplacer le poulet par du tofu nature : le couper en dés, puis le faire mariner 1 h dans l'huile d'olive, l'oignon émincé, les olives et les herbes de Provence, avant de le mettre dans la sauteuse.

3. Cuisiner la purée de chou-fleur au chorizo du lendemain :

PURÉE DE CHOU-FLEUR AU CHORIZO

Préparation : 5 min
Cuisson : 18 min
Pour 4 personnes

1 kg de chou-fleur + 200 ml de lait demi-écrémé + 20 g de beurre + 4 tranches de chorizo

300 ml d'eau + 1/2 c. à c. de noix de muscade râpée + Sel et poivre

- Séparer les fleurettes du chou-fleur, les mettre dans une casserole puis verser le lait et l'eau, et mettre à cuire.
- À partir de l'ébullition, baisser le feu et laisser mijoter 15 min, le temps que le chou-fleur soit cuit.
- Égoutter – attention, conserver le liquide de cuisson. Mettre le chou-fleur dans un blender, ajouter le beurre, la noix de muscade râpée, saler et poivrer.
- Mixer, et, suivant la consistance voulue, ajouter un peu de liquide de cuisson.
- Dans une poêle, faire griller les tranches de chorizo.
- Répartir la purée dans 4 assiettes, et déposer sur le dessus une tranche de chorizo.

Variante

Pour une version plus épicée, ajouter un peu de piment d'Espelette.

Mercredi

Midi

1. Faire griller l'escalope de veau (si cela n'est pas possible le jour même, il faudra anticiper la veille au soir et la réchauffer).
2. Réchauffer la purée de chou-fleur.

Soir

1. Cuisiner la soupe de carottes au cumin (pour 4 personnes) :
   - Couper en rondelles 600 g de carottes, et émincer un oignon.
   - Dans une casserole, verser 1 l d'eau, puis ajouter les légumes coupés, ainsi que 2 c. à c. de bouillon de légumes déshydratés et 1 c. à c. de cumin en poudre.
   - Laisser mijoter à couvert pendant 25 min, puis mixer, et répartir dans 4 bols. Ajouter 1 c. à s. de crème fraîche ou de crème de coco sur le dessus.
2. Préparer les œufs au plat.
3. Faire cuire le blanc de poulet pour le lendemain midi.

Jeudi

Midi

1. Faire cuire le blanc de poulet si cela n'a pas été possible avant. Sinon, le réchauffer.
2. Égoutter, puis rincer des flageolets en conserve. Les réchauffer avec une pointe de beurre, et poivrer.
3. Assaisonner la salade avec la vinaigrette de son choix.

Soir

1. Faire cuire des œufs durs pour le lendemain midi.
2. Cuisiner le bouillon asiatique au saumon :

BOUILLON ASIATIQUE AU SAUMON

Préparation : 15 min
Cuisson à l'eau : 20 min

Pour 4 personnes

4 carottes
+

2 poireaux
+
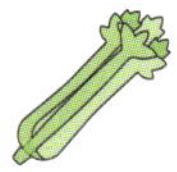
1 branche de céleri
+

4 champignons de Paris

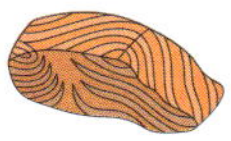
400 g de filet de saumon frais
+

240 g de vermicelles de riz
+

3 c. à c. de bouillon en poudre de légumes bio
+

2 gousses d'ail

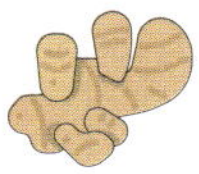
2 c. à c. de gingembre râpé
+

Coriandre
+

Sauce soja
+

Poivre

> Éplucher les carottes, et les tailler en lamelles à l'aide d'un économe. Couper les poireaux en fines lamelles dans la longueur, tailler aussi les champignons en lamelles, découper le céleri en tronçons de ½ cm et hacher ses feuilles.

> Émincer les gousses d'ail et râper le gingembre.

> Dans une casserole, verser 1,5 l d'eau, ajouter l'ail haché, le gingembre râpé, les légumes découpés et le bouillon de légumes. Laisser mijoter pendant 15 min.

> Couper le saumon en dés de 2 cm, les ajouter dans la casserole avec les vermicelles de riz, et poursuivre la cuisson pendant 5 min, le temps que les vermicelles soient cuits.

> Répartir le bouillon dans 4 bols, et disposer dessus un peu de coriandre hachée. Ajouter, en fonction du goût, plus ou moins de sauce soja.

Variantes

Remplacer les poireaux par des courgettes.
Remplacer le saumon par du poulet (le faire griller en morceaux avant de l'ajouter au plat).

Vendredi

Midi

1. Écaler les œufs durs et les couper en 4, couper la betterave cuite en dés, ajouter à de la mâche, assaisonner avec la vinaigrette de son choix.

Soir

1. Cuisiner la blanquette végétarienne.

BLANQUETTE VÉGÉTARIENNE

Préparation : 15 min
Cuisson : 35 min
Pour 4 personnes

350 g de seitan + 300 g de champignons de Paris + 300 g de carottes + 1 oignon + 1 poireau

10 cl de crème liquide végétale + 2 c. à s. d'huile d'olive + 1 c. à s. de farine T80 + 1 jaune d'œuf

1 citron + 1 bouquet garni + 2 clous de girofle + Sel et poivre

- Découper le seitan en dés de 2 cm.
- Éplucher et laver les légumes, puis découper en rondelles les carottes et le poireau, et les champignons en quartiers. Couper l'oignon en 4, et planter dans 2 quartiers un clou de girofle.
- Dans une cocotte, mettre l'huile et faire revenir les morceaux de seitan, puis ajouter la farine. Mélanger. Dès que la farine a roussi, ajouter 350 ml d'eau et tous les légumes (poireau, carotte, champignon, oignon). Saler, poivrer, ajouter le bouquet garni et mélanger.
- Laisser mijoter pendant 30 min en mélangeant régulièrement.

> Dans un bol, battre le jaune d'œuf avec la crème et le jus du citron. Y ajouter un peu d'eau de cuisson et mélanger. Verser le bol dans la cocotte, mélanger et laisser mijoter encore 10 min.

Variantes

Remplacer le seitan par du tofu ferme nature, ou par du veau pour un apport en protéines animales.
Remplacer 100 ml d'eau par 100 ml de vin blanc.

Samedi

Midi

1. Préparer la salade verte et l'assaisonner d'une vinaigrette de son choix.
2. Cuisiner la brandade de cabillaud :

BRANDADE DE CABILLAUD

Préparation : 10 min
Cuisson : 30 min
Pour 4 personnes

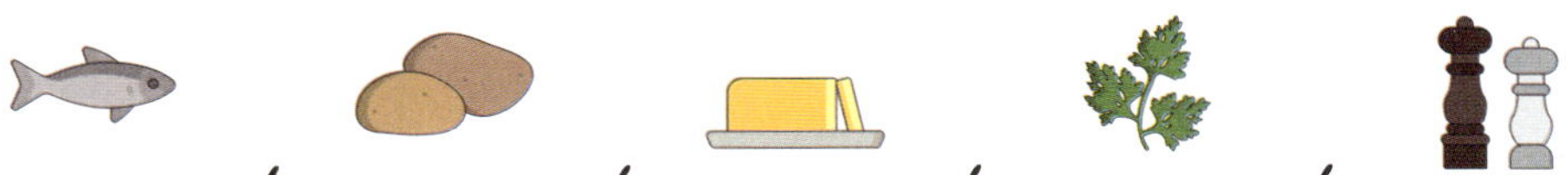

4 pavés de cabillaud + 900 g de pommes de terre + 40 g de beurre + 50 g de persil + Sel et poivre

> Éplucher les pommes de terre, les laver, puis les couper en petits morceaux. Les faire cuire à la vapeur pendant 20 min ou au micro-ondes (dans un plat couvert avec un peu d'eau).

> Faire cuire à la vapeur le cabillaud pendant 5 à 6 min (ou au micro-ondes à couvert 5 à 6 min – ou 10 min si congelé)

> Ciselez le persil.

> Dans un plat, écraser les pommes de terre avec le cabillaud, le beurre et le persil haché, saler et poivrer, et bien mélanger.

Variantes

Remplacer le persil par de la ciboulette.
Remplacer les pommes de terre par de la patate douce.

Soir

1. Cuisiner la soupe au brocoli (pour 4 personnes) :
   - Séparer les fleurettes de 500 g de brocoli. Les faire cuire à la vapeur pendant 8 à 10 min ou au micro-ondes (dans un saladier couvert avec un peu d'eau au fond pendant 10 min). Dans 350 ml d'eau chaude, ajouter ½ c. à c. de bouillon de légumes bio déshydratés.
   - Mettre le brocoli cuit dans un blender et ajouter la moitié du bouillon. Mixer puis ajouter un peu de bouillon au fur à mesure, jusqu'à l'obtention de la texture désirée.
   - Accompagner la soupe d'une tranche de jambon avec du pain.

Achevé d'imprimer en août 2022 par Macrolibros, Espagne
Dépôt légal septembre 2022

Index des recettes